FACULTÉ DE DROIT DE TOULOUSE

DU DROIT DE PRÉFÉRENCE

ENTRE LES CRÉANCIERS HYPOTHÉCAIRES

EN DROIT ROMAIN

DES FORMALITÉS

DE

L'INSCRIPTION D'HYPOTHÈQUE

EN DROIT FRANÇAIS

DISSERTATIONS

Présentées à la Faculté de Droit de Toulouse

POUR OBTENIR LE GRADE DE DOCTEUR

PAR

M. Albert GALUP

AVOCAT.

TOULOUSE

IMPRIMERIE DE CAILLOL ET BAYLAC

Rue de la Pomme, N° 34.

1870

FACULTÉ DE DROIT DE TOULOUSE

DU DROIT DE PRÉFÉRENCE

ENTRE LES CRÉANCIERS HYPOTHÉCAIRES

EN DROIT ROMAIN

DES FORMALITÉS

DE

L'INSCRIPTION D'HYPOTHÈQUE

EN DROIT FRANÇAIS

DISSERTATIONS

Présentées à la Faculté de Droit de Toulouse

POUR OBTENIR LE GRADE DE DOCTEUR

PAR

M. Albert GALUP

AVOCAT.

TOULOUSE

IMPRIMERIE DE CAILLOL ET BAYLAC

Rue de la Pomme, N° 34.

1870

A MON PÈRE ET MA MÈRE

Est dédié ce travail qui n'est digne d'eux que par l'intention, mais que je les prie d'accepter comme un témoignage de mon affection et de ma reconnaissance.

FACULTÉ DE DROIT DE TOULOUSE

1869-70

MM.

DUFOUR ✻, Doyen, Professeur de Droit commercial.
DELPECH ✻, Doyen honoraire.
RODIÈRE ✻, Professeur de Procédure civile.
MOLINIER ✻, Professeur de Droit criminel.
BRESSOLLES ✻, Professeur de Code Napoléon.
MASSOL ✻, Professeur de Droit romain.
GINOULHIAC, Professeur de Droit français, étudié dans ses origines féodales et coutumières.
HUC, Professeur de Code Napoléon.
HUMBERT, Professeur de Droit romain.
ROZY, Professeur de Droit administratif.
POUBELLE, Professeur de Code Napoléon.
BONFILS, agrégé.
ARNAULT, agrégé.
DELOUME, agrégé.

M. DARRENOUGUÉ, Officier de l'Instruction publique, secrétaire, agent-comptable.

Président de la Thèse, M. BRESSOLLES.

Suffragants : MM. MOLINIER, MASSOL, ROZY, *Professeurs*; ARNAULT, *Agrégé*.

La Faculté n'entend approuver ni désapprouver les opinions particulières du Candidat.

INTRODUCTION

Le crédit est l'ensemble des moyens qui servent à dégager des valeurs engagées ; il aboutit à convertir des capitaux qui ne peuvent être déplacés en des valeurs circulantes. Une personne propriétaire d'un fonds de terre, a d'abord immobilisé le prix d'acquisition de son immeuble ; en outre, elle a, depuis, employé de nouveaux capitaux à l'amélioration de ce fonds de terre. Voilà des capitaux fixes engagés. — Si elle ne pouvait les utiliser et les introduire dans la circulation qu'en aliénant l'immeuble, elle se priverait d'une partie considérable de leurs services. Le crédit foncier lui permet, tout en conservant la propriété de l'immeuble, de faire entrer dans la spéculation la valeur de ces capitaux. Pour atteindre ce but, le législateur doit concilier dans une juste mesure un triple intérêt : celui du créancier, de celui envers lequel le propriétaire a engagé les capitaux ainsi fixés ; l'intérêt du propriétaire lui-même et enfin celui des personnes qui pourront postérieurement traiter avec ce dernier. L'intérêt du créancier sera sauvegardé, s'il a la certitude qu'à défaut de paiement, la valeur de l'immeuble engagé envers lui, lui sera exclusivement attribué, à concurrence de sa créance. — L'intérêt du débiteur sera hors d'atteinte s'il peut conserver avec la possession de sa chose, l'exercice de ses droits de propriétaire. — Enfin, ce débiteur pourra encore facilement engager, vis-à-vis d'autres personnes, l'excédant de valeur de l'objet déjà affecté à la sûreté du premier créancier, si l'étendue des droits de celui-ci est portée à la connaissance de tous par une sérieuse publicité.

Dans les diverses législations, ce triple but n'a jamais été atteint du premier coup. Une succession d'essais divers a pu seule produire ce désirable résultat. Et si, en France, à l'époque actuelle, nous avons presque atteint le degré de perfectibilité cherché, nous le devons à l'expérience des siècles antérieurs. Il nous a paru intéressant d'examiner comment du contrat de fiducie on est arrivé, en passant par le contrat de gage, à l'hypothèque et à sa publicité. Le droit réel, qui porte ce nom grec, n'est pas une de ces institutions simples et naturelles qui naissent, pour ainsi dire, d'elles-mêmes, dès l'enfance des sociétés. Elle exige un certain degré de culture intellectuelle et les travaux persistants d'esprits habiles aux conceptions juridiques. Bien différente en cela de Minerve qui naquit, d'après la Fable, tout armée, du cerveau de Jupiter, l'hypothèque n'est pas sortie, d'un unique effort, achevée et parfaite, du cerveau des jurisconsultes.

Nous n'avons pas l'intention d'examiner dans leur entier les systèmes hypothécaires du droit romain et du droit français. Dans cette vaste matière, deux points seulement attireront notre attention. En droit romain, nous ne traiterons que l'hypothèse du concours de plusieurs créanciers hypothécaires. En droit français, nous restreindrons notre étude à l'examen des formalités relatives à l'inscription des hypothèques.

DROIT ROMAIN

L'examen des importantes questions soulevées par le concours de plusieurs créanciers hypothécaires, tel est le sujet principal de cette étude. Mais il nous a semblé qu'un aperçu rapide du développement historique de l'hypothèque était indispensable pour bien comprendre la position particulière faite par les jurisconsultes romains au premier créancier hypothécaire. Nous croyons, en effet, que le régime hypothécaire romain a subi, même dans son développement définitif et dans son dernier état, l'influence des institutions juridiques qui l'avaient précédé. Cet examen historique aura, en outre, l'avantage de nous permettre d'établir la supériorité qui résulte pour le système du droit français, de la publicité exigée par notre Code. Nous diviserons donc cette matière en deux parties. la première, consacrée au développement historique de l'hypothèque, la deuxième, au concours des créanciers hypothécaires.

PREMIÈRE PARTIE

Développement historique de l'hypothèque.

De nombreux auteurs donnent à l'hypothèque une origine grecque. S'ils veulent dire que les jurisconsultes grecs sont les premiers à avoir imaginé ce mode de crédit, nous partageons pleinement leur opinion. Il est hors de doute que l'hypothèque était connue en Grèce, à une époque où les Romains avaient encore recours à des moyens de crédit fort grossiers. — Mais si ces auteurs ont voulu insinuer que les Romains étaient allés emprunter aux Grecs cette institution, pour l'introduire dans leur législation, nous ne saurions être de leur avis, et diminuer à ce point le génie inventif des jurisconsultes de Rome. La critique historique (1) a fait bonne justice de cette théorie, du reste fort ancienne, puisqu'elle était admise par les Romains eux-mêmes, théorie qui voudrait faire du droit romain un droit d'emprunt, et lui enlever le caractère national qui lui appartient. — Nous essaierons de démontrer que les Romains sont arrivés par eux-mêmes et par la puissance seule des déductions juridiques, au régime hypothécaire. — Pour cela, il nous a semblé utile de rétablir le régime grec sous sa véritable physionomie, autant que le permettent les rares documents qui nous restent. — Nous verrons, que par une coïncidence que des esprits superficiels pourraient trouver fortuite, mais qui n'est que le résultat logique et naturel de la ressemblance des situations, le développement du droit hypothécaire a suivi une marche identique dans les législations de la Grèce et de Rome.

CHAPITRE Ier.

Législation grecque.

Dans le principe, à une époque fort reculée, le propriétaire qui voulait affecter sa chose à la sûreté d'une

(1) Vico, Scienza nuova. — Niebuhr, histoire romaine. — Ortolan, explication historique des Institutes, t. I.

créance, n'avait pour unique ressource que la constitution d'un gage par voie d'aliénation. Obligé de transférer sa chose au futur créancier, il n'avait pour rentrer en possession que la clause de fiducie, par laquelle le créancier s'engageait à lui retransférer la propriété de la chose. — L'inconvénient grave de ce système était de ne donner au débiteur qu'une action personnelle pour recouvrer la propriété du gage. Il se voyait dans la nécessité de suivre la foi de son créancier devenu propriétaire absolu et maitre, par conséquent, de disposer (1). — Ce dernier, bien que soumis à une obligation éventuelle de restitution, était, à l'égard des tiers, pleinement capable d'aliéner, et le débiteur n'avait aucune action contre les acquéreurs. Dira-t-on que le débiteur, ne trouvant plus le gage dans les mains de son créancier, aura pour se couvrir la ressource de retenir le montant de sa dette? — Cet argument a peu de poids. Qui ne sait que la valeur du gage est toujours supérieure au montant de la dette? — Enfin, un inconvénient plus grave encore se faisait sentir. En perdant la propriété de sa chose, le débiteur perdait la possession, et avec elle les bénéfices qu'elle suppose, c'est-à-dire les revenus et les fruits.

Ce mode de crédit était trop vicieux pour subsister. Toutefois, avant d'indiquer le perfectionnement apporté par la loi, notons que ce procédé de la fiducie, en transmettant la propriété au créancier, protégeait singulièrement les droits des tiers. Le changement de propriétaire mettait le débiteur dans l'impossibilité de tromper la confiance du public et d'affecter le même immeuble à la sûreté de deux ou plusieurs créances, et de l'engager ainsi au-delà de sa valeur matérielle.

Une amélioration ne tarda pas à être portée dans la situation du débiteur. On se contenta de transmettre au créancier la possession du gage. Simple possesseur et dès-

(1) Démosthènes, C. Pantenète, §§ 5 et 15.

lors incapable d'aliéner, celui-ci ne pouvait plus dépouiller le débiteur de sa propriété. Ce système, sur ce point, était supérieur au précédent. Mais, que de défauts encore il comportait! D'abord le créancier perdait sous le nouveau régime une partie de ses sûretés. Si sa possession était suffisamment protégée à l'encontre du débiteur par des lois sévères qui défendaient à ce dernier de venir la troubler (1), à l'encontre de l'étranger qui s'était mis en possession de la chose engagée, il n'avait plus, comme sous le système de la fiducie, l'action en revendication qui n'appartient qu'au propriétaire. A l'égard du débiteur, les inconvénients étaient plus grands encore. La nécessité de la tradition limitait son crédit aux choses corporelles et aux biens présents, et l'empêchait d'affecter sa chose à plusieurs créanciers : restriction d'autant plus regrettable que la valeur du gage est toujours bien supérieure au montant de la créance, et qu'une partie considérable de ce gage restait par conséquent sans utilité. Enfin le débiteur perdait la possession de sa chose. Sans doute, cette perte de la possession garantissait les intérêts des tiers, en les mettant à l'abri des fraudes d'un débiteur mal intentionné; mais elle était bien lourde pour ce dernier, qu'elle privait des revenus et des fruits de sa chose.

En outre, ce régime engendrait un danger, dont la pratique avait démontré toute la gravité : Rien n'était plus difficile que de bien établir les droits distincts et opposés des parties. Nous voyons dans une plaidoirie de Démosthène (2), avec quel soin méticuleux les parties étaient obligées de régler leurs conventions. Comme ces conventions faisaient leur loi, comme des règles fixes ne déterminaient pas leurs rapports réciproques, le débiteur se trouvait à la merci du créancier. — De plus, l'interprétation de ces conventions était parfois une chose délicate,

(1) Démosthènes, C. Spudias, § 7.
(2) Démosthènes C. Lacritus, §§ 10 à 15.

et une source intarissable de procès. — Pour obvier à ces désagréments, les législateurs imaginèrent de conserver la possession du gage au débiteur. Ils ne concédèrent au créancier que le droit de vendre, en cas de non payement, la chose affectée à la sûreté de la créance. Ils démembrèrent, pour ainsi dire, le droit de propriété. L'hypothèque était trouvée. En souvenir de son origine, on lui a conservé le nom que ses créateurs lui donnèrent.

Sous un tel régime, les garanties du créancier n'étaient ni moins solides, ni moins réelles que sous le régime précédent. Le débiteur y trouvait de précieux avantages; il ne se voyait plus privé de la possession ni de la jouissance de l'objet hypothéqué. Les tiers seuls pouvaient souffrir du nouvel état de choses. Rien ne les prévenait que tel immeuble était déjà grevé d'une charge réelle. Là était le danger de ce système. L'honneur des législateurs grecs, et leur supériorité sur les législateurs de Rome, est d'avoir vu le danger et d'y avoir porté remède. Le seul remède, c'est la publicité accordée aux actes constitutifs d'hypothèque. — Etablir un procédé qui amènerait à la connaissance facile de tous les charges grevant un immeuble, tel fut leur but. Leurs efforts ne furent pas couronnés d'un plein succés. Ils sont restés bien en deça de nos innovations modernes ; mais ils nous ont ouvert la marche. Que justice leur soit rendue !

Le procédé qu'ils imaginèrent est d'une simplicité un peu primitive. Sur la terre hypothéquée ils plaçaient un écriteau (ὅρος), sur la maison hypothéquée, une tablette, portant écrites les indications nécessaires pour prévenir le public des charges réelles qui grevaient l'immeuble. Donner à des magistrats consciencieux et responsables le soin de faire ces inscriptions, et de les garder, pour en faire une preuve durable et authentique des actes constitutifs d'hypothèque, voilà ce que les jurisconsultes grecs n'ont pas imaginé ; et sur ce point, leur œuvre est inférieure à celle de nos législateurs.

Il serait difficile d'établir à quelle époque précise le principe de publicité devint en Grèce le fondement de la législation hypothécaire ; mais l'usage de ces ὅροι était déjà en vigueur au temps de Solon. Nous en trouvons la preuve dans la vie de ce législateur écrite par Plutarque. Solon voulant mettre le peuple à même d'éteindre les dettes dont il était obéré, crut lui procurer ce bienfait en abolissant à l'avenir l'usage des poteaux, et en dégrevant les immeubles hypothéqués des charges qui pesaient sur eux. Plutarque nous apprend que ces mesures anti-économiques ruinèrent son système, et faillirent causer sa mort. — Même du vivant de Solon, le principe de publicité renaquit de ses cendres, car il reposait sur des motifs de justice. L'usage des poteaux existait encore au temps de Démosthène, qui vivait 250 ans après Solon.

Cependant le régime grec était imparfait. Il ouvrait une large porte à la fraude. Rien n'était en effet plus aisé, pour un débiteur de mauvaise foi, que d'enlever ces signes extérieurs de son insolvabilité, et d'abuser par cette ruse trop facile de la confiance des tiers. Souvent aussi un propriétaire plaçait, sans cause, de ces poteaux, pour simuler des dettes et pour paraître moins riche qu'il ne l'était réellement. — Cette fraude a besoin d'une explication. Nous la trouvons dans les œuvres des auteurs grecs (1).

A Athènes, les trois cents plus riches citoyens formaient une classe à part, jouissant de la plus grande distinction, mais supportant les principales charges de l'Etat. Lorsque un citoyen, membre de cet ordre, se trouvait mis, par des revers de fortune, dans l'impossibilité de soutenir le poids de ces dépenses, il avait le droit de proposer, pour prendre sa place, un citoyen plus riche que lui. Et celui-ci, ne pouvait s'y refuser, qu'en échangeant sa fortune contre celle de son adversaire. — Malgré le dévouement si vanté des Grecs et leur amour pour la patrie, il arrivait souvent

(1) Démosthènes, C. Phénippe, §§ 5 et 9. — Plutarque, Vie de Solon.

que le citoyen proposé se sentait fort peu de goût à prendre une place fort honorée, mais fort dispendieuse. De là, des procès, où chacune des parties avait grand intérêt à dissimuler sa fortune. Démosthène fait allusion à ces usages, lorsque, dans sa plaidoirie contre Phénippe, il accuse celui-ci d'avoir couvert ses biens d'ὅροι, sans que des hypothèques eussent été consenties, χρεά ψευδῆ κατεσκευακόντα ἀντιδόσεως ἕνεκα, d'avoir imaginé des dettes pour éluder l'échange.

Voici enfin une définition de ces ὅροι, que nous trouvons dans Pollux et qui ne laisse subsister aucun doute sur la nature de ces écriteaux, et sur leur usage (1) : οὕτως ἐκάλουν οἱ Ἀττικοὶ τὰ ἐπόντα ταῖς ὑποκειμέναις οἰκίαις καὶ χωρίοις γράμματα.

Il nous reste à déterminer quelles énonciations étaient inscrites sur ces ὅροι. Ce point serait assez difficile à établir, et nous serions obligés de nous contenter d'une connaissance fort hypothétique de la matière, si nous ne consultions que les œuvres de la littérature grecque. Les passages où il est question de l'hypothèque sont trop peu nombreux. L'épigraphie peut seule nous venir en aide dans cette étude. Voici ce que nous trouvons dans une inscription relevée par M. Caillemer (2).

Επι Θεοφραστου αρχοντος, ορος χωριου τιμης ενοφειλομενης
Φανοστρατῳ Παιανιει ΧΧ.

Cette inscription date du IVe siècle avant notre ère, de 313 ou 340 avant Jésus-Christ. En lisant ce document, on éprouve un certain étonnement de voir que notre régime hypothécaire, résultat de remaniements et de retouches

(1) Pollux, Onomasticon, III, 85.

(2) Caillemer, études sur les antiquités juridiques d'Athènes. — Corpus inscriptionum græcarum de Boeckh, I, n° 530.

fréquentes, se trouve en ce point presque égalé par le régime grec, vieux de plus de deux mille ans. Il est bon de rapprocher cette inscription grecque de l'art. 2148 de notre Code Civil, qui prescrit les diverses énonciations que doit contenir notre inscription hypothécaire. Toutes les mentions exigées par notre loi se trouvent reproduites dans l'inscription grecque précitée. — Nous y lisons d'abord le nom de l'archonte eponyme, pendant la magistrature duquel l'hypothèque a été constituée. Cette mention correspond au § 3 de l'art. 2148. Nous savons, en effet, que telle était la manière usitée par les Grecs pour dater leurs actes, de même qu'à Rome on indiquait les noms des consuls en tête des actes publics. — Nous y trouvons également le nom du créancier hypothécaire comme l'exige le § 2 de notre article et enfin le chiffre de la créance hypothécaire — XX. — Quant à l'indication de l'espèce et de la situation des biens hypothéqués, exigée par le dernier paragraphe de notre article, on comprend qu'elle était inutile en Grèce, puisque l'ὅρος était précisément placé sur la terre hypothéquée. Cet état de choses nous fait également comprendre pourquoi nous ne lisons pas dans l'inscription précitée le nom du débiteur. — Enfin le mot τιμῆς répond à l'énonciation de la nature du titre constitutif de l'hypothèque exigée par le § 3 de l'art. 2148. Il nous indique que le titre en vertu duquel l'hypothèque était prise dans le cas de notre inscription était un titre de *vente*. — Toutefois, il est peut-être aventureux de tirer de ce mot une pareille conséquence ; elle a été niée par quelques auteurs. Mais en la supposant mal fondée, il ne faudrait pas faire du défaut de cette mention un grand crime aux législateurs grecs. Nous savons que, même dans notre législation, cette énonciation est considérée comme de beaucoup la moins importante.

Tel a été en Grèce le dernier état du régime hypothécaire. Nous le répétons, il aurait atteint la perfection du nôtre, si la publicité en eût été plus stable, plus sérieuse ;

s'il n'eût pas dépendu du débiteur de faire disparaître les poteaux d'inscription, et tromper les tiers par cette fraude. — Mais il était bien supérieur au régime romain que nous allons étudier et aux régimes qui ont existé en France jusqu'à la fin du siècle dernier; et nous pouvons dire, avec M. Caillemer, que la sécurité des transactions sur les immeubles était moins grande en France, il y a cent ans à peine, qu'elle ne l'avait été quatre siècles avant notre ère, dans la république d'Athènes.

Remarquons enfin, avec cet auteur, que le caractère de publicité, base du régime grec, avait amené un résultat, qui le distingue du régime romain et lui donne par suite une analogie de plus avec le nôtre. Les immeubles seuls pouvaient être hypothéqués. Les meubles, n'ayant pas d'assiette fixe, de situation déterminable, ne pouvaient l'être. Les jurisconsultes grecs avaient d'ailleurs compris que c'eût été en gêner la circulation que de les soumettre au droit de suite, caractère essentiel du droit d'hypothèque.

CHAPITRE II.

Législation romaine.

Une théorie assez généralement acceptée voudrait que les Romains fussent allés prendre à la Grèce ses institutions et ses lois. Les plébéiens, jaloux de l'influence des patriciens, et voulant obtenir l'égalité des droits, auraient réclamé la promulgation de lois positives, auxquelles tout citoyen aurait été soumis. Cette juste prétention aurait été longtemps repoussée. Mais après de longs débats, trois patriciens auraient été envoyés en Grèce (an de Rome, 300), et en auraient rapporté les lois Attiques. La loi des XII tables ne serait qu'une fidèle image de cette législation étrangère (1), et comme à cette époque le régime hypothécaire était pratiqué en Grèce, on en conclut que les Romains n'ont eu que le faible mérite de l'avoir adopté. Ce résultat ne nous satisfait pas; il porte une grave atteinte au génie inventif des jurisconsultes romains. Or, nous savons trop bien combien leurs profonds esprits étaient habiles aux conceptions les plus abstraites du droit. — De plus nous trouvons à cette théorie des impossibilités d'un autre genre. Comment peut-on admettre que les Romains, en empruntant à leurs voisins le régime hypothécaire, l'aient dépouillé de son caractère distinctif et essentiel, de la publicité? L'utilité de cette publicité est trop évidente, pour que les Romains ne l'aient pas comprise, et pour qu'ils l'aient rejetée.

D'autres auteurs se contentent de faire remonter le passage de l'hypothèque grecque dans la législation romaine à l'époque de la conquête de la Grèce. Ils s'appuient sur un texte de Cicéron, que nous aurons l'occasion d'étudier. Cette hypothèse ne nous semble pas plus admissible que la précédente, pour les mêmes motifs. Du reste, leur fausseté ressortira plus clairement de l'étude historique des procédés employés successivement par les jurisconsultes romains, avant la création de l'hypothèque. Nous avons dit qu'ils avaient suivi dans leurs tentatives une marche analogue à celle des jurisconsultes grecs, que la force de la logique les avait seule conduits de l'aliénation fiduciaire au contrat de gage, ou *pignus*, et de ce contrat au pacte d'hypothèque. C'est ce point que nous nous proposons d'établir.

(1) Tite-Live, 3, 31. — Denis d'Halicarnasse, 10, §§ 65, 64. — Cicéron, De legibus, 2, §§ 23 et 25.

Section Ire.

Contrat de fiducie.

Dans le principe, le propriétaire qui pour emprunter voulait donner une sûreté réelle, n'avait d'autre ressource que l'aliénation fiduciaire. L'emprunteur transférait la propriété de la chose au créancier sous la clause expresse *contractâ fiduciâ*, que le créancier restituerait la propriété au débiteur dès que celui-ci aurait acquitté sa dette. L'aliénation fiduciaire se faisait au moyen de la *mancipatio per æs et libram* (1). D'où il faut conclure que ce procédé ne s'appliquait qu'à certaines espèces de choses, aux choses *mancipi* (2). Plus tard, on l'appliqua à toute espèce de choses, en opérant la transmission par une *cessio in jure* (3).

Cette aliénation accompagnée d'un contrat de fiducie, était le mode en usage dès les temps les plus reculés. Il continua d'exister et d'être pratiqué même à l'époque classique. Une question très controversée parmi les commentateurs, est celle de savoir, si la convention de fiducie faisait partie intégrante de la mancipation. Les uns pensent qu'elle était formulée dans la *nuncupatio* solennelle et qu'elle trouvait ainsi sa sanction dans le principe des

(1) Gaius, Comm., II, §§ 59 et 60.

(2) Savigny, De la possession, XX, IV.

(3) Fiducia est cum res aliqua sumendæ pecuniæ mutuæ gratiâ vel mancipatur, vel in jure ceditur. (Isidore de Séville, orig. V. 25.)

Fiduciam accipit cuicumque res aliqua mancipatur, ut mancipanti remancipit. Hæc mancipatio fiduciaria nuncupatur ideo quod restituendi fides interponitur. (Boèce, ad Cicér. topica, 4).

XII tables; *cum nexum faciet mancipiumque, uti lingua nuncupassit, ita jus esto.* D'autres savants, au contraire, détachent la fiducie de la mancipation et en font une convention à part (1). C'est cette dernière opinion qui nous paraît seule acceptable, en présence de l'inscription latine, découverte en 1868, à San Lucar de Barrameda, sur une plaque de bronze, vers l'embouchure du Guadalquivir. Dans cette inscription très bien conservée et reproduite dans le *Corpus Inscriptionum*, éditée à Berlin par Mᵉ Hübner, on voit que la mancipation et la fiducie ne se confondaient pas et que le pacte de fiducie, bien que distinct de la mancipation, la suivait immédiatement et se faisait devant les mêmes témoins. En deux mots, « le pacte de fiducie, dit M. Gide, s'appuie sur la mancipation, et c'est pour cela, qu'il est obligatoire; mais il ne se confond pas avec elle et c'est pour cela qu'il produit, non une action de droit strict, mais une action de bonne foi. (2) »

Nous n'indiquerons pas de nouveau tous les inconvénients du régime de la *fiducia*. Nous les avons mentionnés à propos de la Grèce. Comme ils découlent de la nature même des choses, ils étaient les mêmes à Rome qu'à Athènes. Nous nous contenterons de rappeler les deux plus graves : 1° absence du droit de suite, impossibilité pour le débiteur d'éviter les conséquences d'une aliénation; 2° perte pour ce dernier de la possession de la chose. — Toutefois, reconnaissons que même à l'époque où le régime fiduciaire était seul en vigueur, la pratique romaine avait en partie obvié à ces inconvénients. Le créancier louait la chose au débiteur moyennant un prix qui venait alors en déduction de la dette, et la diminuait d'autant. Quelquefois, la location était simplement fictive, *uno nummo*,

---

(1) Festus, V° nuncupata. — Huschke, Zeitschr. f. gesch. R. W, vol. XIV, p. 246. — Ihering. Geist d. rœm, Rechts, II, p. 558.

(2) Gide, Revue de Législation, 1ʳᵉ liv., 1870.

nous dit Gaius (1). Enfin et c'était le cas le plus fréquent, le créancier laissait la chose au débiteur par un pacte *de precario*. Mais qu'il y eût location ou pacte *de precario*, Gaius nous apprend qu'une fois la dette payée, le débiteur recouvrait la propriété de sa chose par la simple possession d'une année (2).

Quant à l'inconvénient signalé en premier lieu, et de tous le plus considérable, il n'en subsistait pas moins. Le débiteur était exposé à ne pas trouver, lors du payement, la chose dans les mains du créancier. Une réforme était utile. Mais à quelle époque eût-elle lieu? A quelle date faire remonter la disparition de l'aliénation fiduciaire? Comme ce mode de crédit primitif et grossier a disparu longtemps avant Justinien, les compilations de cet empereur n'en font pas mention ou plutôt n'en ont fait mention qu'en mutilant et dénaturant les textes des jurisconsultes antérieurs.

Malgré la rareté des documents, Cujas, s'appuyant sur un texte de Paul (3), suppose que l'aliénation fiduciaire a été supprimée par une Constitution de l'empereur Constantin (4). Mais le texte de Paul se trouve placé sous la rubrique : *de lege commissoriâ*, et il est à craindre que le jurisconsulte français n'ait confondu l'aliénation fiduciaire avec le pacte commissoire, en vertu duquel le créancier non payé devient propriétaire de plein droit de la chose engagée. Dans l'aliénation fiduciaire, au contraire, le créancier est propriétaire dès le jour de la *mancipatio* et il reste propriétaire, après le payement de la dette. Il

(1) Gaius, Comm. II, § 59.

(2) Les bénéfices de cette courte usucapion (*usureceptio*, Gaius C. II, § 60, in fine) étaient également acquis au débiteur qui n'avait pas acquitté la dette, mais il fallait alors que la chose ne lui ait pas été louée ni concédée à précaire par le créancier.

(3) Paul, Sentences, liv. II, tit. XIII.

(4) Loi 3, C. de pactis pignorum.

est alors tenu personnellement de retransférer au débiteur la propriété de la chose. — Quant à Gaïus, qui, lui aussi, nous parle de la fiducie, et dont Cujas n'a pas connu les Institutes, publiées en 1821 seulement, il ne résout pas plus que Paul la question de date. Contentons-nous donc de savoir que la fiducie avait disparu dès longtemps avant Justinien.

SECTION 2.

Pignus.

A la *mancipatio fiduciæ causâ*, succéda, comme instrument de crédit dans la législation romaine, le système du *pignus*. Ne transférant au créancier que la possession de la chose, il le mettait dans l'impossibilité de l'aliéner. Il ne lui donnait qu'un droit de rétention sur la chose en le protégeant par l'exception de dol contre toute revendication.

On n'admît pas tout d'abord que le créancier, en cas de non-payement lors de l'échéance, pût vendre la chose engagée, tant il semblait difficile à des esprits romains d'accorder cette faculté à celui qui n'était pas propriétaire solennellement, *ex jure Quiritium*. Nous avons la preuve de cette assertion dans un texte de Javolenus (1), d'après lequel le créancier qui vend le gage, se rend coupable de vol. Toutefois, ce texte même nous enseigne qu'une clause insérée dans le contrat pouvait très bien concéder au créancier le droit de vendre le gage. Cette clause devait être expresse : *Hoc forsitan*, nous dit Gaïus, *ideò videtur fieri quod voluntate debitoris intelligitur pignus alie-*

(1) Javolenus, L. 73, D. de furtis.

nari, qui olim pactus est ut liceret creditori pignus vendere, si pecunia non solvatur (1).

Cette défense, faite au créancier de vendre le gage, nuisait précisément au crédit public qu'on voulait protéger. La rigueur de la loi devait bientôt disparaître. La pratique elle-même vint puissamment contribuer à cette réforme.

On s'habitua à considérer la faculté de vendre le gage comme un élément naturel du contrat Ce progrès était introduit avant l'époque de Paul et d'Ulpien. Mais, de cette faculté concédée au créancier, naissait un danger pour les intérêts du débiteur. Il est si naturel que le débiteur espère toujours et jusques au dernier moment de pouvoir payer, qu'il est bien souvent surpris par l'arrivée du terme. Admettre que, ce terme venu, le créancier pourrait valablement vendre la chose, c'était ruiner le débiteur. Aussi exigea-t-on, de la part du créancier, trois sommations succesives de payer. Enfin, comme nous l'attestent deux textes (2), l'un de Paul, l'autre d'Ulpien, à l'époque de ces jurisconsultes, le droit de vente était si bien de l'essence du contrat de gage, que la vente était permise sans sommation, à moins que le débiteur n'eût stipulé que le créancier ne pourrait pas vendre. Mais, même cette convention, *ne distraheretur*, n'avait pour effet que d'astreindre le créancier aux trois sommations. Ces sommations faites, le créancier pouvait vendre.

L'histoire du *pignus*, telle que nous venons de la présenter, n'est pas acceptée par tous les auteurs ; on a prétendu que le droit de vente n'avait été admis qu'à l'époque de Justinien. Pour soutenir cette opinion en présence du texte si formel d'Ulpien, il a fallu prétendre que ce texte avait été modifié par les compilateurs du Digeste, et mis par eux au courant de la législation existante, par l'adjonction des mots : *Nisi ei (debitori) ter fuerit denuntiatum, ut*

---

(1) Gaius. Comm. II, § 64.

(2) Paul, Sentences, II, liv. 5, § 1. — Ulpien, loi 4 de pig., act. dig.

solvat, et cessaverit... Mais il faudrait admettre alors que les compilateurs ont négligé de faire subir la même correction au texte de Javolenus, cité plus haut, et dans lequel il n'est point parlé des trois sommations. D'après notre système, il est naturel que Javolenus n'en ait rien dit, puisque nous avons admis que le droit de vente ne pouvait, au temps de ce jurisconsulte, résulter que d'une clause expresse. — Aussi, nous maintenons le texte d'Ulpien avec toutes ses conséquences.

En outre, à l'époque des jurisconsultes classiques, on pouvait convenir que, faute de payement à l'échéance, le créancier deviendrait propriétaire du gage (1). Cette clause spéciale était appelée *lex commissoria*, parce qu'elle menaçait le débiteur de la déchéance de son droit. Mais une Constitution de Constantin prohibe cette clause comme trop dangereuse pour le débiteur. Elle défend sévèrement tout pacte qui permettrait au créancier de garder pour lui la chose engagée ou hypothéquée en cas de non-payement (2). La défense de Constantin est absolue. Mais, cependant, rien ne s'oppose à ce que le débiteur permette au créancier d'acquérir, en cas de non-payement, la chose engagée, sur le pied de la valeur à estimer au moment de l'échéance de la dette (3).

Résumons brièvement cet historique :

Première période. — Epoque de Gaïus et de Javolenus. Le créancier gagiste n'a qu'un droit de rétention : le droit de vendre le gage, à l'échéance du terme, ne peut résulter que d'une clause expresse.

Deuxième période. — Époque de Paul et d'Ulpien. —

---

(1) Cicéron, ad familiam, XIII, 56. — Vatic. fragm., § 9.

(2) Const. 3, Cod. liv. 8, tit. 35.

(3) L, 16, § 9, D. de pignoribus, liv. 20, tit. 1. — Cette disposition de la Constitution de Constantin a été accueillie par le Code Napoléon (Art. 2078.)

Le droit de vente est de l'essence du *pignus*. La clause *ne distraheretur* ne dépouille nullement le créancier du droit de vendre; elle l'oblige simplement à faire trois sommations au débiteur. Au lieu de faire dater ces règles de l'époque justinienne, nous la faisons remonter à l'époque de Paul et d'Ulpien, c'est-à-dire vers le milieu du troisième siècle après Jésus-Christ.

Troisième période. — Époque de Justinien. — Dans cette troisième période, Justinien décide que le créancier non payé deviendra propriétaire de la chose engagée, mais sous certaines restrictions qui font du *pignus* le plus singulier et le plus vicieux des modes de crédit. — L'Empereur établit d'abord, en tête de sa Constitution (1), que les parties peuvent, à l'égard de la vente du gage, disposer dans le contrat comme bon leur semble. — A défaut de conventions particulières, le créancier devra, à l'échéance, faire, à son débiteur, trois sommations de payer. Si le débiteur est absent et qu'il soit impossible de le découvrir, le juge fixera un délai pendant lequel il pourra comparaître, faire le payement et libérer son gage. Deux ans après les sommations ou le délai fixé par le juge, le créancier pourra vendre la chose engagée. S'il ne se présente pas d'acheteur, deux autres années après la mise en vente, l'empereur pourra accorder au créancier la propriété de la chose, propriété du reste résoluble, si, dans les deux années qui suivront la concession impériale, le débiteur parvient à payer sa dette.

Nous le répétons, un pareil régime était plein de dangers et souverainement contraire au crédit lui-même. Le droit du créancier était excessif, malgré toutes les restrictions apportées à l'acquisition de la propriété du gage.

Le système du *pignus*, tel que nous venons de l'étudier, valait mieux que celui de la fiducie; mais il offrait encore

---

(1) Code, 3, de jure domini impetrando.

de graves inconvénients. Comme nous les avons déjà exposés à propos du gage grec, nous nous bornerons ici à rappeler les principaux :

1° Absence pour le créancier d'action réelle, au cas de perte de la possession ;

2° Limitation du crédit du débiteur, qui ne peut donner en gage que les choses actuelles, et qui ne peut les donner qu'à une seule personne ;

3° Perte de la possession. Sans doute, cette perte de la possession, empêchait le débiteur de mauvaise foi de tromper la confiance des tiers, en leur donnant en garantie, une chose déjà engagée, mais, il faut le reconnaître, elle était bien lourde pour le débiteur qu'elle privait des revenus et des fruits de sa chose.

Ce dernier inconvénient était si grave que les jurisconsultes durent y remédier. Bien que le propriétaire parût incapable par la force même des choses, d'être acheteur, dépositaire, locataire ou détenteur précaire de son propre fonds (1), ils admirent que le débiteur pourrait recevoir, comme précariste, à titre gratuit, ou, comme locataire, à titre onéreux, non la chose elle-même, mais la possession de cette chose. Ulpien relève soigneusement cette distinction dans un texte remarquable : *cùm possessionis rogetur, non proprietatis*. Le débiteur obtient, à titre précaire, la remise de la possession que le contrat de gage avait transférée au créancier. L'utilité évidente de cette convention, l'emporte sur la logique pure. *Hæc sententia est utilissima*, dit Ulpien, et cet éminent préfet du prétoire, nous apprend que cette convention était d'un usage journalier, usage si répandu que Gaïus, dans un ouvrage élémentaire, le mentionne, sans faire aucune réflexion sur la possibilité de l'opération (2).

---

(1) Loi 45, de regulis juris. — Loi 4, § 3, de precario, 43, 16.

(2) Loi 6, § 4, de precario. — Gaius, C. 2, § 60. — Loi 55, § 1, de pignerat. act. 13, 7.

Une fois admis ce tempérament, on était bien près d'arriver à l'hypothèque. Entre l'hypothèque pure et simple, et le *pignus* auquel vient s'adjoindre une concession à précaire de la possession, la distance est courte. Il suffira d'enlever au créancier la possession de la chose, de la laisser au débiteur, de la mettre ainsi à l'abri du caprice du créancier, qui pouvait à volonté reprendre la chose concédée à précaire. — On connait la nécessité impérieuse sous l'influence de laquelle le pas fut franchi par le préteur Servius Sulpicius, et comment désormais, sans tradition, par la seule convention, le propriétaire d'un fonds rural obtint un droit de préférence sur les instruments aratoires et les meubles du fermier.

En présence de cette transformation successive, il est impossible d'admettre que l'hypothèque ait été importée de Grèce à Rome lors de la conquête. Pour croire que les Romains arrivés par eux-mêmes au *pignus* (avec location ou concession précaire), aient eu besoin d'un secours étranger pour imaginer l'hypothèque, il faudrait un texte bien formel. Ce texte, les partisans du système opposé ont cru le trouver dans une lettre de Cicéron : *Philotes Alabadensis hypothecas Cluvio dedit. Velim cures ut aut hypothecis decedat, easque procuratoribus Cluvii tradat, aut pecuniam solvat* (1). Ce texte date des derniers jours de la République, à une époque où, d'après nous, l'hypothèque ne pouvait pas être usitée à Rome. C'est à peine, à cette époque, que l'hypothèque spéciale du propriétaire du fonds rural fût imaginée par le préteur Servius Sulpicius. Or, dans le cas qui préoccupe Cicéron, il n'est pas fait allusion à une hypothèque de cette espèce, mais bien à une hypothèque ordinaire. Ce texte semble devoir renverser notre théorie. Mais une double remarque suffira à l'écarter du débat. Ce passage de Ciceron est le seul où il soit parlé de l'hypothèque. En second lieu,

---

(1) Cicéron, Epist. ad famil., XVI, 31.

le fait dont s'occupe Cicéron, se passe en Asie-Mineure, c'est-à-dire, dans une province grecque. Or, est-il étonnant que l'orateur latin connût les lois et les coutumes des pays étrangers, surtout de la Grèce, pays que les Romains connaissaient si bien, et où Cicéron, lui-même, avait envoyé son propre fils, pour l'instruire de la littérature et des mœurs grecques. — On le voit, ce texte ne suffit pas pour nous démontrer que l'hypothèque existât alors à Rome. D'ailleurs, nous le répétons, si les jurisconsultes romains avaient emprunté à la Grèce une de ses institutions, il est vraisemblable qu'ils l'auraient adoptée avec ses attributs et ses caractères, notamment avec la publicité indispensable à tout bon mode de crédit.

Pour ces motifs, nous préférons voir l'origine de l'hypothèque romaine dans l'édit du préteur Servius, que nous allons brièvement étudier.

Section IIIe.

Hypothèque.

Le gage proprement dit, même accompagné d'un pacte de précaire, protégeait mal le créancier et le débiteur. Le créancier avait bien les interdits possessoires, une action personnelle contre le débiteur et la faculté de reprendre à volonté la chose engagée; mais il n'avait pas d'action réelle. — Le débiteur ne pouvait donner sa chose en gage qu'à un seul créancier ; il était ou privé de l'usage de cette chose, ou soumis à l'éventualité d'une restitution arbitraire ; il ne pouvait offrir en garantie que des choses actuellement existantes, et non l'ensemble de ses biens présents et à venir; d'où, comme résultat, une notable diminution de son crédit. — Une amélioration de la situation commune était nécessaire. Le besoin s'en fit d'abord sentir à l'égard des fermiers et des locataires des fonds ruraux.

Un homme n'a d'autres moyens d'existence que son travail et ses instruments agricoles. Quelles garanties pourra-t-il concéder à un propriétaire dont il veut prendre la terre à ferme, pour y exercer son industrie? S'il livre ses instruments de travail à titre de *pignus*, il ne peut plus travailler. S'il ne donne pas de garanties, quel propriétaire sera sûr de recevoir le paiement des fermages?

Le préteur Servius voulut concilier les légitimes exigences de ce bailleur avec les besoins du fermier. Il imagina d'accorder au bailleur, sur les meubles et les instruments aratoires du fermier, un droit sanctionné par une action réelle qui le défendrait mieux que les interdits possessoires, qui naîtrait de la simple convention indépendamment de toute tradition, et grâce à laquelle il suivrait les biens engagés entre les mains de tout détenteur. Homme de progrès, Servius comprit les nécessités de la pratique et ne recula pas devant une innovation : le pacte prétorien d'hypothèque fut créé et engendra un droit réel malgré la règle, respectée jusques-là, qui ne permettait pas qu'un droit réel s'établît par simple convention.

Ce système fut généralisé et étendu à toute créance et à toute espèce d'objets, aux biens à venir comme aux biens présents ; et l'action servienne, spéciale au propriétaire et au locataire de fonds ruraux, devint la quasi-servienne ou hypothécaire.

Ce système avait sur le *pignus* l'avantage de permettre au débiteur de retirer de sa chose tout le crédit possible. Dispensé de l'obligation de transférer la possession, le débiteur pouvait affecter ses biens à la garantie de plusieurs créances. Mais avec la clandestinité de l'hypothèque, cette faculté devint une cause trop fréquente de perte pour les créanciers. Souvent, un débiteur aux abois trompait la confiance des tiers en accordant des hypothèques sur un bien déjà hypothéqué au-delà de sa valeur réelle. Comment les tiers pouvaient-ils être informés de la préexistence d'hypothèques? Aussi, à ce point de vue, ce mode de crédit était-il inférieur au *pignus*, qui, du moins, mettait le débiteur dans l'impossibilité de faire des dupes.

Il ne faudrait pourtant pas supposer entre le *pignus* et l'hypothèque des différences bien profondes. En réalité, ces deux droits ont des points de ressemblance qui en font, pour ainsi dire, les deux variétés d'une même espèce. Ce sont deux droits réels, s'établissant, l'un par la tradition d'une chose corporelle, l'autre naissant par la simple convention. On a bien prétendu que l'hypothèque n'était pas un droit réel; on a dit que les jurisconsultes romains, dans leur classification des droits réels, s'étaient toujours abstenus d'y introduire l'hypothèque. Cet oubli s'explique historiquement. L'hypothèque est une institution d'origine relativement récente; or, les classifications étaient faites quand elle fut imaginée. — En outre, des textes formels sont là pour déterminer la nature du droit d'hypothèque. La loi 5, § 1, D. *de pignoribus et hypothecis*, assimile l'hypothèque au gage, qui est, sans contredit, un droit réel. — Ailleurs, le jurisconsulte Paul qualifie la poursuite de la chose hypothéquée de *vindicatio*, et il appelle le demandeur, *petitor* (1). Les principes en matière d'action ne peuvent, en présence de ces expressions, laisser aucun doute sur la nature de l'hypothèque.

Malgré la création prétorienne de l'hypothèque, la constitution du gage par la translation de la propriété avec clause de fiducie, ou par la simple remise de la possession, accompagnée ou non d'une concession à titre de précaire, fut encore très-usitée; c'est ce qu'attestent et prouvent

(1) Gaius, C. 2, nº 60. — L. 35, § 1, et loi 37, de pignor. act. 13, 7. — L. 37, de acq. poss. 41, 2. — L. 6, § 4, de precario, 43, 16.

irréfutablement des textes dus à la plume des jurisconsultes de la période classique. Justinien les a même conservés dans les Pandectes (1).

L'hypothèque, ainsi constituée comme droit réel, sanctionné par une action réelle prétorienne, la position du créancier est notablement améliorée. En effet, deux voies lui sont ouvertes : la voie au pétitoire et la voie au possessoire, l'action quasi-servienne et les interdits ordinaires. — Occupons-nous d'abord de la voie au pétitoire.

L'action quasi-servienne est réelle, prétorienne, *in factum*, et arbitraire; *neque restituat, vel solvat*, ainsi s'exprime la formule. — Elle était accordée à tout individu dont la créance était garantie par une sûreté réelle. Celui-ci l'exerçait dans le cas où il n'avait jamais eu la possession du gage, et dans le cas où il l'avait perdue. Dès que l'action était arrivée devant le juge, le demandeur avait donc deux justifications à faire : prouver, 1° qu'il était bien créancier hypothécaire; 2° que le tiers actionné possédait au moment de la *litis contestatio*. Pour faire la première preuve, il apportera le titre de sa créance, ou en prouvera d'une façon quelconque, l'existence; pour la seconde il démontrera que la chose, objet du litige, lui a été valablement hypothéquée, et par suite, qu'elle appartenait au débiteur lors du contrat (1). Toutefois, l'obligation de cette dernière preuve ne doit s'entendre que de l'hypothèque spéciale; elle ne doit pas être étendue à la convention fort usitée, d'après laquelle, indépendamment de tels biens spéciaux, on hypothèque généralement les biens à venir (2).

Si le tiers actionné ne possède pas l'objet hypothéqué ou n'a pas cessé de le posséder par dol, le juge doit l'ab-

---

(1) Marcien, l. 23, D. de probation. Si l'hypothèque était tacite ou consentie par un propriétaire bonitaire, la formule de l'action était fictive.

(2) L, 15, § 1, de pign. et hyp. D. 20, 1.

soudre. Si le tiers possède, trois partis s'offrent à lui, payer le montant de la créance, ou restituer la chose hypothéquée, ou se laisser condamner. S'il consent à restituer, mais que cette opération soit impossible parce que l'objet hypothéqué est situé dans un lieu éloigné, dans les provinces, par exemple, le détenteur pourra être absous, en fournissant une caution au créancier demandeur. S'il a cessé de posséder par dol, il sera condamné, comme dans toute action réelle, à payer une somme d'argent dont le montant sera déterminé, sous serment, par le demandeur lui-même (1).

L'action quasi-servienne, telle que nous venons d'en indiquer brièvement les effets, semble, à première vue, un moyen suffisamment énergique pour faire obtenir au créancier la possession de la chose hypothéquée ou engagée, pour la lui conserver ou la lui faire recouvrer. Et l'on s'étonne qu'une seconde voie ait été ouverte au créancier. Aussi, quelques romanistes (2) n'ont voulu voir dans l'interdit Salvien, qu'un acheminement vers l'action servienne et l'action quasi-servienne. Le maintien de cet interdit dans la législation ne serait dû qu'à l'usage adopté par les Romains, et que nous retrouvons de nos jours chez les Anglais, de ne pas abroger les règles tombées en désuétude. — Cette théorie n'est admissible qu'en supposant l'inutilité de l'interdit Salvien en présence des actions servienne et hypothécaire. Or, rien n'est moins fondé que cette supposition. — Il existe une grande différence entre les interdits et les actions réelles. L'objet des uns n'est pas celui des autres. Par les interdits, on soulève une simple question de possession. Par l'action réelle, le débat porte sur une question de propriété, le demandeur aura à faire reconnaître le droit de propriété du débiteur, la capa-

(1) L. 16, §5, D. de pign. et hyp. 20, 1. — L. 29, §2, Eod. tit. — Bonjean, tr. des actions, t. II.

(2) De Savigny, de la possession.

cité de celui-ci et l'existence de la dette, par conséquent, à faire juger l'affaire au fond. Tandis que pour triompher sur l'interdit, il suffira au créancier de prouver l'existence à son profit, d'une possession, *nec vi, nec clàm, nec precario ab adversario*. Mais son droit d'hypothèque ne sera point reconnu ; il n'a pas été l'objet du débat ; le fond du droit est resté intact ; et l'adversaire pourra, à son tour, intenter contre lui une action en revendication. Le créancier hypothécaire, remis en possession, aura l'avantage du rôle de défendeur. On voit, d'après ce qui précède, que l'interdit Salvien et l'action hypothécaire sont deux moyens juridiques, qui ne font nullement double emploi.

M. Ducaurroy a présenté une troisième explication du problème. Il suppose que l'interdit Salvien avait un effet plus restreint que l'action servienne (1). La loi 1, § 1, D. *de Salv. interd.*, est trop positivement contraire pour que l'opinion du savant professeur soit admise.

La théorie que nous venons d'exposer est celle de Cujas (2), et nous croyons qu'elle est celle qui réunit le plus de suffrages chez les romanistes modernes.

Nous n'avons jusqu'ici parlé que de l'interdit Salvien : il n'en faudrait pas conclure qu'il fût le seul, mis à la disposition du créancier gagiste. Celui-ci avait l'exercice de tous les interdits de droit commun, donnés *retinendæ vel recuperandæ possessionis causâ*. En règle générale, le créancier gagiste *qui accepit, possidet* (2) ; il a la possession que le droit prétorien protége et que garantissent les interdits. Il aura, par conséquent, les interdits *uti possidetis* et *utrubi*, dans les cas où son droit à la possession serait contesté. Si la possession lui a été ravie par violence, il aura l'interdit *undè vi*.

---

(1) Ducaurroy. Inst. expl., n° 1335, L. 1, C. de precario.

(2) Cujas, Observ. l. 5, ch. 23 et seq.

(3) Javolenus, l. 16, D. de usurp.

La création du préteur Servius a donc, ainsi que nous l'avons déjà remarqué, apporté une sensible amélioration aux positions respectives du créancier et du débiteur. Mais elle était incomplète, en ce sens que le simple pacte constitutif d'hypothèque restait inconnu à tout autre qu'aux parties contractantes. Et cependant, n'est-il pas de l'essence de tout droit réel, dans une législation bien faite, d'être public? Cette publicité est la conséquence forcée du caractère absolu et exclusif du droit réel. Tout législateur qui néglige d'en établir la nécessité et les conditions, s'expose à fonder un système de crédit essentiellement imparfait. C'est ce qui apparaîtra plus nettement à la fin de cette étude, lorsque, après avoir examiné la position faite aux divers créanciers hypothécaires, nous aurons à porter un jugement sur les avantages ou les inconvénients du système romain, qui n'exigeait l'accomplissement d'aucune condition de publicité.

On a pourtant prétendu trouver dans les textes romains les traces d'un système de publicité, analogue à celui, adopté par la législation grecque. Les rares auteurs qui professent cette opinion, s'appuient sur un texte de Vénuléius, ainsi conçu : *Si ad januam meam tabulam fixeris, et ego eas priusquàm tibi denuntiarem refixero.....* Si vous avez attaché une inscription sur ma porte, qu'avant de vous dénoncer cette voie de fait, j'en aie attaché une moi-même..... On a cru voir dans cette *tabula* une inscription hypothécaire. Mais l'erreur est si grossière que le grave Pothier n'a pu s'empêcher de mêler l'ironie à la réfutation de cette opinion. Voici l'explication qu'il donne du texte précité (1) : « Il était d'usage chez les Romains d'attacher sur les portes des maisons et sur les fonds de terre des enseignes, qui portaient, écrits, les noms des propriétaires, comme par exemple : *Maison de Sempronius, ædes Sempronii ; ut Lutetiæ*, ajoute Pothier,

(1) Venuleius, l. 22, § 2. D. Quod vi aut clam. — Pothier, Pendectes.

inscriptum portis videmus : Hôtel de Noailles , hôtel de de Sully. » — C'est à cet usage que Pierre Chrysologue fait allusion, lorsqu'il dit : « *Dominos prædiorum affixi tituli proloquuntur* (1). » Saint Augustin parle également de cet usage en ces termes : « *Videte, fratres, quandò aliquis potens invenit titulos suos, nonne jure rem sibi vindicat, et dicit : ubi nomen meum invenio meum est* (2)? ». Il n'est pas douteux que la *tabula* de Vénuléius ne soit autre chose que les *tituli* de ces deux orateurs. Le jurisconsulte suppose qu'un individu qui contestait la propriété d'une maison, avait fait clandestinement placer son nom sur la porte pour s'en faire un titre de propriété.

L'inconvénient, résultant de la clandestinité du pacte d'hypothèque, fut encore augmenté par la création d'hypothèques tacites, spéciales ou générales. Une explication d'abord sur ce mot : tacite. Il est évident qu'il ne doit pas être pris dans le sens où nous l'entendrions en Droit français. Pour les Romains, l'hypothèque tacite, *tacitum pignus* ou *tacita hypotheca* (3), est celle qui résulte immédiatement d'une disposition légale. Elle est considérée comme fondée sur un accord tacite des parties contractantes, ou sur leur volonté présumée (4) ; la simple existence de certains faits ou de certains rapports suffit pour lui donner naissance.

Les hypothèques tacites sont spéciales ou générales, suivant qu'elles s'appliquent à des choses déterminées ou à des parties déterminées des biens du débiteur, ou qu'elles embrassent la généralité des biens de ce dernier.

Parmi les hypothèques de la première espèce, nous

---

(1) Petrus Chrysologus, serm. 161.

(2) Saint-Augustin, Sermones, n° 55.

(3) Loi 4, § 1, In quib. caus. pign. D. — L. 1, § 1, C. De rei uxor. act. — L. 1, C. Comm. de legat.

(4) L. 3, l. 4, pr. l. 6 et l. 7, pr. D. In quib. caus. pign. L. 3 et l. 7, C. Eod. tit.

mentionnerons l'hypothèque du locateur d'un fonds, pour les obligations qui résultent du bail. Elle s'étend sur les choses que le locataire a apportées dans l'immeuble loué, *invectis et illatis rebus*, soit qu'il ait ignoré ou connu cet apport (1). Si le fonds loué est susceptible de produire des fruits, si, en un mot, il rentre dans la catégorie des *prædia rustica*, des fonds de terre, l'hypothèque, au lieu de porter sur les objets apportés par le fermier, porte sur les fruits de la terre, depuis leur perception par le fermier (2). Cette solution n'est pas discutable en présence des termes formels de la loi 4, *pr. in fine. D. de locat.* — Cette hypothèque du locateur de fonds ruraux ou urbains est très ancienne; elle ne s'appliquait, dans l'origine, qu'à Rome et dans ses environs; plus tard, Justinien en étendit les dispositions au reste de l'Empire (3).

Une seconde hypothèque tacite est accordée au prêteur, dont l'argent a servi à la reconstruction d'une maison, sur la maison elle-même et le sol qui la supporte (4).

Le pupille et la femme mariée ont également une hypothèque tacite et spéciale, le premier sur la chose achetée de son argent (5), la femme mariée sur la chose dotale ou l'objet acheté avec l'argent dotal par le mari (6).

Enfin, le légataire a une hypothèque de même nature sur les biens de l'héritier tant que son legs n'est pas

---

(1) L. 4, pr. D. de pact. — L. 2, 3, 4, 6 et 7, D. In quib. caus. pign. L. 14, D. Quibus mod pign. solv. — L. 11, § 2, D. Qui potior. in pign. — L. 5, C. de locat.

(2) L. 7, pr. D. In quib. caus. pig. — L. 24, § 1 et 53, D. locati.

(3) L. 7, C. In quib. caus. pign.

(4) L. 1, D. In quib. caus. pign. — L. 21 D. de pign. act. — L. 16, § 2 et l. 29, § 2, de pign.

(5) L. 7, pr. D. Qui potiores in pig. — L. 3, pr. D. de reb. cor. qui sub. tut.

(6) L. 30, C. de jur. dot. — L. 54, D. de jur. dot.

acquitté. Il est bien entendu que cette hypothèque ne frappe que les biens reçus du *de cujus* par l'héritier. Quand plusieurs héritiers sont chargés de l'acquittement du legs, l'hypothèque frappe sur la part héréditaire de chacun pour la portion du legs à sa charge. Le moment où commence cette hypothèque, est celui de l'acquisition du legs (1).

Les hypothèques tacites et générales sont les suivantes :

1° En faveur du fisc, non-seulement pour les contributions publiques (2), du moment où a commencé l'obligation du débiteur, mais encore pour ses créances contractuelles du moment du contrat (3). Par conséquent, elle s'étendait sur les biens des administrateurs, pour les obligations qui résultaient de leurs fonctions (4). Elle s'étendait spécialement sur les biens du *primipilus* et de ceux qui l'avaient présenté au choix de l'autorité (5). Cette hypothèque tacite du fisc fut créée, au plus tard, sous Antonin Caracalla.

2° Les pupilles et les mineurs, sur les biens de leurs tuteurs et curateurs, ont une hypothèque, pour les obligations résultant de la tutelle ou de la curatelle. Elle prenait naissance au moment même où la tutelle et la curatelle étaient déférées (6). Cette hypothèque dont quelques auteurs font remonter l'origine au temps de Marc-

---

(1) C. 1, C. communia de legatis, — l. 6, tit. 43. — Novelle 108, C. 2.

(2) L. 1, C. In quib. caus. — L. 1, C. si propter publ. pensitat.

(3) L. 2, C. In quib. caus. — L. 2 et 5, C. de priv. fisci. — L. 2, C. de serv. pign. dat.

(4) L. 46, § 3, D. de jure fisci.

(5) L. 4, C. In quib. caus. Le *primipilus* était un employé chargé de faire rentrer les prestations en nature de denrées destinées à la subsistance de l'armée et de les faire verser dans les magasins établis à cet effet sur les frontières.

(6) L. 20, C. de adm. tut. — L. un, § 1, C. de rei uxor. act. — Nov. 118, C. 5, in fine.

Aurèle, est positivement mentionnée dans un rescrit de l'empereur Constantin-le-Grand (1). Certaines Constitutions impériales l'étendent même sur les biens du beau-père, quand la mère s'est remariée avant d'avoir rendu ses comptes de tutelle (2).

Les enfants ont une hypothèque sur les biens de la mère ou du père, remariés (3), pour sûreté de leur droit aux *lucra nuptialia*, à partir du moment où ces biens sont advenus à l'ascendant remarié (4), ou du moment même de la célébration du second mariage (5). — Une seconde hypothèque était encore accordée à l'enfant sur les biens de son père, pour sûreté de la fortune de la mère, dont le père, en vertu de la puissance paternelle, avait l'administration, et à partir du moment même où cette administration lui a été déférée (6).

Le mari ou celui qui a le droit d'exiger une dot, a une hypothèque, pour la dot qui doit lui être fournie ou qui doit être renouvelée après l'éviction, sur les biens de celui qui a promis et qui doit la dot (7). Cette hypothèque prend naissance du jour même du mariage.

En 528, Justinien accorde à la femme une hypothèque tacite et générale sur tous les biens du mari, pour lui garantir le payement de la donation *propter nuptias*. En 529, il crée l'hypothèque spéciale sur les biens dotaux dont nous avons parlé plus haut. Et enfin, au mois de novembre de l'année 530, il accorde à la femme une hypothèque sur tous les biens du mari pour sûreté de ses parapher-

---

(1) L. 20, C. de adm. tut.

(2) L. 2, C. Quand. mul. tut. off. — L. 6, C. In quib. caus. — Nov. 22, C. 40.

(3) L. 6, § 2, l. 8, § 4. C. de sec. nupt.

(4) L. 6; § 2, C. de sec. nupt.

(5) L. 8, § 4, C. de sec. nupt.

(6) L. 8, § 5. C. de sec. nupt. — L. 6, § 4, C. de bon. quæ liber.

(7) L. un, § 1, C. de rei uxor. act.

naux, si le mari les a touchés conformément aux conventions matrimoniales, et sans qu'une hypothèque expresse ait été constituée à la femme au moment où le mari a reçu les capitaux. — A la même date, il décide que la restitution de la dot sera garantie par une hypothèque générale, sur tous les biens du mari et même sur ceux du beau-père, si ce dernier, lui-même, est soumis à l'obligation de restitution. Cette hypothèque prend naissance lors de l'apport de la dot ou de la promesse qui l'a précédée. — Mais en l'an 541, la novelle 109 vient restreindre au profit de la femme orthodoxe, ces garanties qui jusques alors avaient pu être invoquées par toute femme, quelle que fût sa religion. Mesure déplorable qui plaçait les femmes entre leur conviction et leurs intérêts, et qui ne laissait plus croire à la sincérité d'une conversion (1).

Dans la novelle 7, Justinien crée une hypothèque en faveur des églises ou des établissements de bienfaisance, sur les biens de l'emphytéote ou de son successeur, pour garantie de l'obligation de rétablir dans son premier état le fonds emphytéotique qu'il aurait détérioré, à partir du moment de la détérioration (2).

Parmi ces diverses hypothèques, quelques-unes jouissent d'une faveur spéciale du droit, qui prend le nom de privilége. Nous indiquerons dans notre deuxième partie en quoi consiste cette faveur. Nous devons actuellement, pour compléter nos indications, énumérer simplement quelles sont les hypothèques privilégiées.

Les unes sont conventionnelles, les autres tacites. En les énumérant par ordre chronologique, nous trouvons parmi les créanciers hypothécaires privilégiés : 1° les créanciers dont l'argent a servi à la conservation dans son premier état de la chose hypothéquée à un autre, par

(1) C. 29, de jure dotium, 5, 12. — C. 11, C. de pact. conv. 5, 14. — C. 1, § 1, C. de rei uxor. act. 5, 13. — Nov. 109, Ch. 1.

(2) Nov. 7, ch. III, § 2.

exemple à la réparation et à l'armement du vaisseau, ou bien à l'alimentation de l'équipage, qui sans cela n'aurait pas pu conduire le vaisseau au port (1).

2° Les créancier auxquels sont dus les loyers des magasins ou les frais de transport de la marchandise (2). Ces priviléges n'existent qu'à la condition que les créanciers se soient fait formellement accorder une hypothèque, à défaut des hypothèques tacites dont s'occupe le sénatus-consulte rendu sous Marc-Aurèle, mentionné ci-dessus. Si les créanciers n'ont pas obtenu hypothèque, ils n'ont plus qu'un simple privilége personnel et seront par conséquent primés par tout créancier hypothécaire, ainsi qu'il résulte d'une constitution de Dioclétien et Maximin. Cette distinction était admise par Cujas, Vinnius et Pothier. Elle n'a été niée que par Accurse et quelques anciens commentateurs du droit romain (3).

3° L'*argentarius* jouit d'un privilége lorsque ayant avancé de l'argent, pour l'achat d'une maison quelconque, il s'est fait donner sur cet objet une hypothèque constatée par un acte écrit (4).

4° Le fisc a une hypothèque privilégiée pour la rentrée des impôts arriérés (5). Il faut aussi lui accorder la même faveur quant aux créances qu'il a contre un *primipilus*. Quoique quelques auteurs allemands, Gluck, Zimmern, Sintenis, etc., ne veuillent pas dans ce cas, reconnaître au fisc un véritable privilége, il nous paraît impossible de partager leur avis, en présence de la netteté avec laquelle s'exprime l'empereur Dioclétien, dans la C. 3 *de primipilo*. — Une autre controverse s'est encore élevée sur le

---

(1) L. 5 et 6, D. Qui potiores, 20, 4.

(2) L. 6, eod. tit.

(3) L. 26 et 34, D. de reb. auct. jud. poss. — L. 10 et 19, D. de priv. cred. — L. 9, C. Qui pot.

(4) C. 7, Cod. qui potiores, 8, 18. Nov. 136, ch. III.

(5) C. 1, C. Si. propt. publ. pens. 4, 46.

point de savoir si l'hypothèque tacite accordée au fisc comme garantie de ses créances contractuelles, sur les biens acquis par le débiteur, à partir du moment du contrat, devait être rangé parmi les priviléges. Elle naît du rapprochement de la loi 21. *Qui pot. in pig.* D. avec la loi 28, *de jure fisci.* Cette question a été fort agitée par l'école allemande et surtout par Gluck, Zimmern et Schilling. Elle avait attiré déjà l'attention de Cujas qui admettait l'existence de ce privilége. D'après Gluck, le privilége n'aurait point existé à l'époque de Scœvola, rédacteur de la loi 21, et aurait été introduit dans la législation romaine par l'empereur Antonin Caracalla ; ce qui expliquerait qu'il fût admis par Ulpien et Papinien. Malgré ces imposantes autorités, nous croyons au contraire, avec Doneau dont la théorie a été reproduite par M. Machelard, que la loi 28, *de jure fisci,* peut s'interprêter sans admettre le privilége. En effet, Ulpien pour fonder sa décision s'appuye sur des constitutions impériales, *quod et constitutum est.* Or, si nous consultons les constitutions, conservées par Justinien sur ce sujet, nous trouvons bien en effet, que depuis Antonin Caracalla, le fisc jouit d'une hypothèque générale, indépendante de toute convention expresse ; mais là se borne la faveur accordée au fisc. La constitution 2 au code, *de priv. fisci,* nous paraît formelle en ce sens. Or si on la rapproche de la loi 28, où Ulpien emploie les mêmes expressions que l'empereur, *prævenit causam pignoris fiscus,* il est naturel de supposer que le jurisconsulte faisait allusion à cette même constitution. Du reste, la construction grammaticale du texte d'Ulpien favorise notre interprétation. Les mots, *cum fisco contraxerit,* peuvent très bien s'entendre du passé, en l'appliquant à celui qui avait déjà contracté avec le fisc au moment où il hypothèque tous les biens à un nouveau créancier.

5° L'hypothèque qui garantit à la femme mariée la restitution de sa dot sur les biens dotaux eux-mêmes, est munie d'un privilége par la Constitution 30 C. *de jure dotium*. Justinien dans la célèbre Constitution *assiduis* étend, en outre, ce privilége exorbitant sur tous les biens du mari; mais, seulement, comme garantie de la dot, et non de la donation *ante nuptias*. Cette faveur passe aux descendants, mais ne peut jamais être invoquée par les créanciers de la femme.

Nous nous réservons d'apprécier plus tard, lorsque nous aurons étudié les questions du concours de ces divers créanciers, les inconvénients du système romain, et de montrer combien l'absence de publicité dut être destructive du crédit du débiteur. La bonne foi de ce dernier était l'unique garantie du créancier, et pouvait, seule, l'assurer que son droit n'était pas illusoire, à raison de l'existence d'hypothèques antérieures. Il y avait là un vice essentiel. Vainement punissait-on, sous le nom de stellionat, la dissimulation du débiteur, ou frappait-on des peines du faux l'antidate en matière d'hypothèque. C'est seulement en 440 que l'empereur Léon chercha à corriger cette situation; dans la Constitution 11, *qui potiores*, il décida que les hypothèques, simplement conventionnelles, ne prévaudraient pas contre les hypothèques constatées dans des actes dressés par un *tabularius*, ou souscrits par trois hommes d'une bonne réputation.

Cette énumération rapide des diverses hypothèques simples ou privilégiées nous a paru nécessaire pour faire bien comprendre toute l'importance de la théorie admise par les jurisconsultes romains dans l'hypothèse du concours de plusieurs de ces droits réels. Comment se régleront les droits des divers créanciers? Quel est celui qui primera les autres? Quels seront les avantages de sa position? Telles sont les questions que nous nous proposons de résoudre dans notre seconde partie.

DEUXIÈME PARTIE.

Concours des créanciers hypothécaires.

Pour bien comprendre l'importance qui s'attache à la détermination du rang des créanciers hypothécaires, pour mettre en relief l'intérêt qu'elle soulève, nous devons d'abord exposer la situation favorable faite au premier créancier hypothécaire et la position moins heureuse faite aux créanciers postérieurs. Nous diviserons cette partie en deux chapitres : le premier consacré au droit de préférence entre les créanciers hypothécaires; le deuxième, au rang de ces créanciers entre eux.

CHAPITRE PREMIER.

Du droit de préférence entre les créanciers hypothécaires.

La position faite par le Droit romain au premier créancier hypothécaire, est bien plus avantageuse pour lui que celle que lui accorde notre droit actuel. En effet, si, dans notre droit, il est assuré d'être payé par préférence aux autres et d'être colloqué le premier dans l'ordre qui s'ouvre entre les divers créanciers, il n'a nullement le droit de s'opposer à la vente forcée de l'immeuble, qui peut être provoquée par tout créancier postérieur, soit par la voie de saisie immobilière, soit au moyen d'une surenchère dans le cas où le tiers détenteur procède à la purge des priviléges et hypothèques. — En Droit romain, au contraire, on a pu dire, avec vérité, qu'il avait la part du lion. Deux hypothèses peuvent se présenter.

1° Le premier créancier est en possession de l'objet engagé. Alors, il est maître, presque absolu, de la situation. Il peut aliéner, à son gré, la chose hypothéquée, et se payer, sur le prix, sans s'inquiéter de savoir s'il est suffisant pour désintéresser les créanciers postérieurs (1). Il n'est pas tenu d'appeler à cette aliénation les autres créanciers hypothécaires (2). Tout se passe en dehors d'eux, et, pourvu que le premier agisse de bonne foi, les postérieurs ne sont pas admis à critiquer l'aliénation (3). Préfère-t-il conserver la possession de la chose, les créanciers postérieurs, quelque favorable que soit l'occasion qui se présente, ne peuvent le contraindre à l'aliénation (4). Ils seraient, à ce point de vue, presque à son entière discrétion, si les jurisconsultes romains ne leur avaient concédé le droit périlleux de prendre sa place en le désintéressant complètement.

2° Le premier créancier ne possède pas la chose. Il peut alors, au moyen de l'action quasi-servienne, aller l'atteindre entre les mains de tout autre créancier (5). Celui-ci aura beau invoquer son droit d'hypothèque, le réclamant paralysera sa défense en lui répliquant que la chose lui a été antérieurement engagée. La seule ressource qui reste

(1) L. 20, D. Qui potiores in pignore. — L. 15, § 2, D. de pign. 20, 1. — L. 12, pr. D. Qui pot.

(2) L. 3, C. Si ant. cr. 8, 20.

(3) L. 1, C. Si ant. cr. — L. 12, § 7, D. Qui pot. — L. 6, C. de oblig. et act. 4, 10.

(4) L. 7, C. Si antiq. cred. 8, 20. L. 1 et 6, pr. D. de dist. pign. 20, 5. L. 8, C. h. t. — L. 6, pr. D. de pign. act. 13, 7.

(5) L. 12, pr. Dig. Qui pot. 20, 4.

au créancier postérieur, consiste à désintéresser le demandeur, afin de prendre sa place.

La position faite au créancier postérieur, est donc bien précaire. Possède-t-il, il peut être, d'un instant à l'autre, évincé par l'action du créancier qui le prime. Si le créancier antérieur ne se montre pas, il peut, sans doute, aliéner la chose hypothéquée; mais cette aliénation n'éteint en aucune manière les hypothèques antérieures. Aussi le créancier vendeur est-il exposé à toutes les chances de l'action en éviction que l'acquéreur ne manquera pas d'intenter contre lui.

Si le créancier postérieur ne possède pas la chose hypothéquée, il peut bien, à la vérité, intenter l'action quasi-servienne; mais, il court le risque de trouver dans le défendeur un créancier hypothécaire antérieur, qui repoussera son action par l'exception : *Si non mihi antè,* etc.

D'autre part, lorsque le premier créancier détient la chose hypothéquée, le créancier postérieur ne peut pas le contraindre à aliéner (1), ni même l'obliger à le convoquer, lorsqu'il plaît au premier de procéder à l'aliénation (2).

La seule ressource offerte au créancier postérieur pour triompher de la résistance du premier créancier, consiste à prendre sa place. — Ce résultat peut s'opérer de plusieurs manières. En dehors de la cession directe consentie par le premier créancier (3), on peut écarter celui-ci en achetant la chose hypothéquée et en le désintéressant avec le prix (4). Le créancier postérieur peut encore prêter au débiteur la somme nécessaire pour désintéresser le créan-

(1) L. 6, pr. D. de pign. act., 13, 7.

(2) L. 5, C. Si antiq. cred. 8, 20.

(3) L. 6. de hered. vel act. vend. D. 18, 4. — L. 8, C. eod. tit. 4, 39. — L. 19, D. eod. tit. — L. 2 et 14, C. de fidess. 8, 41.

(4) L. 17, Qui poti. — L. 5, C. De his qui, 8, 19.

cier préférable, en convenant expressément qu'il prendra sa place, si le payement est effectué (1).

Mais ces voies sont ouvertes aux simples créanciers chirographaires, et même à tous les tiers. Elles n'étaient point suffisantes; car la première suppose le consentement du créancier que l'on veut écarter; la troisième, le consentement du débiteur; et quant à la seconde, elle est excessivement périlleuse, et n'est pas toujours d'un accès facile, puisqu'elle exige l'emploi d'un capital quelquefois considérable, et expose le créancier, devenu acquéreur, aux poursuites d'autres créanciers hypothécaires dont il a pu ignorer l'existence. Il fallait donc créer un secours plus efficace, et les jurisconsultes romains crurent le trouver dans la création du *Jus offerendæ pecuniæ* (2).

L'offerendæ pecuniæ facultas est le droit en vertu duquel un créancier hypothécaire peut prendre la place d'un autre créancier hypothécaire préférable, ou même dans certains cas, de celui à qui la propriété de la chose engagée aurait été déjà transportée, en lui offrant de le désintéresser (3). Il appartient spécialement aux créanciers hypothécaires, et n'est subordonné ni au consentement du créancier dont on prend la place, ni à celui du débiteur (4).

Cette succession dans la place et les droits du créancier qu'on veut désintéresser, a pour résultat de faire acquérir à l'*offerens* le droit de gage déjà établi en faveur d'un créancier préférable, et par conséquent de lui donner la faculté d'aliéner valablement le gage, ou d'empêcher une

---

(1) L. 1, C. de his qui, 8, 19. — L. 5, D. Quæ res pign., 20. 3. — L. 12. § 8, D. Qui pot.

(2) Negusantius. Tr. de pygn. et hyp. Tertium membrum quintæ partis. — Schilling, traduit par Pellat, § 19.

(3) L. 6, D. de distr. pign., 20, 5. — L. 2, C. de part. pign. 8, 25. — L. 19, D. Qui pot. 20, 4. — L. 2 et 12, § 1, D. Quib. mod. pig. 20, 6.

(4) L. 10, C. De his qui, 8, 18. — L. 12, § 4, D. Qui pot. 20, 4.

aliénation que se proposait de faire le créancier antérieur et qui lui était préjudiciable à lui-même (1).

Le *jus offerendi* peut être exercé contre tout créancier hypothécaire (2), alors même que ce dernier eût déjà acquis la propriété de la chose hypothéquée par un achat ou par une dation en payement (3). Il peut même être exercé contre les cautions du débiteur, à qui la chose hypothéquée a été laissée, en conséquence du payement qu'elles ont fait pour le débiteur (4); enfin contre le détenteur qui aurait acheté le gage du débiteur sans le concours du créancier *prior*. Il importerait peu, dans ce dernier cas, que le prix de vente eût servi à désintéresser le préféré (5). La vente ne mettrait l'acheteur à couvert, que si elle eût été régulièrement faite par le créancier antérieur lui-même (6).

Après avoir énuméré les divers cas où peut être exercé le *jus offerendi*, il nous reste à indiquer les diverses conditions que doit remplir le créancier qui veut user de cette ressource. La moindre notion d'équité nous avertit que les droits du créancier dont on prend la place, doivent être respectés. Aussi l'*offerens* doit compter à la personne qu'il veut écarter ce que celle-ci est en droit d'exiger du débiteur, ou ce qu'elle a dépensé pour acquérir le gage, en totalité, capital et intérêts (7). Ce qui ne veut pas dire que l'*offerens* devra payer ce qui peut être dû au créancier par le débiteur, pour toute autre cause que celle qui a

---

(1) L. 6, pr. D. de distr. pign. 20, 5. — L. 8, C. De his qui, 8, 18. — L. 3, C. Si ant. cr. 8, 20.

(2) L. 16. D. Qui pot. 20, 4. — L. 10, C. De his qui, 8, 18. — L. un, C. Etiam ob. chir. pec. 8, 27.

(3) L. 1, C. Si ant. cr. 8, 20. — L. 5, § 1, D. de distr. pig. 20, 5.

(4) L. 2 et 5, § 1, C. de Distr. pig. 20, 5.

(5) L. 3, § 1, D. de distr. pig. 20, 5. — L. 1, C. Si ant. cr. 8, 20.

(6) L. 1, C. Si ant. cr. 8, 20. — L. 3, pr. D. de distr. pig., 20, 5.

(7) L. 2 et 3, § 1, de distr. pign. D. 20, 5. — L. 5, C. De his qui, 8, 18.

donné naissance à la créance hypothécaire, en d'autres termes les *chirographaria debita* (1).

Si le créancier antérieur refuse de recevoir le payement, l'*offerens* vaincra sa résistance en consignant, et cette consignation en tiendra lieu (2).

Ces conditions remplies, celui qui paye, prend de droit la place du créancier préférable, sans qu'il soit besoin d'aucune cession. Il pourra réclamer au débiteur ou s'attribuer sur le prix de la chose, non-seulement sa propre créance, mais celle du créancier désintéressé. Si les deux dettes sont productives d'intérêts, l'*offerens* obtiendra également le payement des intérêts engendrés par sa propre créance, et ceux qu'il a dû verser entre les mains du premier créancier. Mais il ne saurait obtenir les intérêts de cette dernière somme. Vainement prétendrait-il qu'il a, en faisant ce payement, utilement géré l'affaire du débiteur, par la libération à l'égard du premier créancier. Comme le disent Papinien et Marcien, la qualité de gérant d'affaires ne lui appartient pas. Car il n'a pas entendu gérer l'affaire d'autrui, mais la sienne propre (3).

Cependant, quand le créancier postérieur a désintéressé, non le créancier qui le précède immédiatement, mais un créancier plus éloigné, la subrogation n'a lieu qu'à concurrence de la somme employée à satisfaire celui-ci et non *au prorata* de sa propre créance ; de telle sorte que l'opération n'a aucune influence sur les droits des créanciers intermédiaires (4).

Un texte de Paul (5) nous apprend qu'un créancier antérieur pouvait exercer le *jus offerendi* à l'encontre d'un créancier postérieur : *prior creditor secundum credito-*

(1) L. un, in fine. C. *Etiam ob. Chir. pec.* 8, 27.
(2) C. 1, C. Qui potiores. 8, 18.
(3) L. 12, § 6. Qui pot. in pig. D. 20, 4.
(4) L. 16, D. Qui pot. 20, 4.
(5) Paul, Sentences II, 13, § 8.

rem si voluerit demittere non prohibetur, quanquam ipse in pignore potior sit. Ce texte a besoin d'être expliqué. Quel intérêt peut avoir le créancier *prior* à faire cette *oblatio?* Supposons que deux créanciers aient placé leur argent sur hypothèque et que ce placement soit très solide; le créancier *prior* a tout intérêt à mettre le créancier suivant dans l'impossibilité d'user du *jus offerendi* et de le priver du bénéfice de ce bon placement. Pour arriver à ce but, il le désintéresse lui-même. — La loi 1, *si ante creditor*, suppose également un cas où l'utilité de notre règle s'appliquera. Un premier créancier a acheté la chose hypothéquée, les créanciers postérieurs lui font oblation de ce qui lui est dû; malgré la vente, celui-ci est obligé d'accéder à leur demande, de délaisser l'immeuble et de recevoir ce qui lui est dû. Or, il peut avoir intérêt à garder la propriété de l'immeuble. Dans ce but, il va au-devant des poursuites des créanciers en exerçant lui-même le *jus offerendi*, et, dès lors, il ne se trouve plus exposé à leur action hypothécaire comme tout détenteur ordinaire.

Il est presque inutile, en finissant, de faire remarquer que le *jus offerendi* était une ressource trop souvent illusoire, accordée au créancier primé. Il n'avait pas toujours à sa disposition l'argent nécessaire pour désintéresser le créancier préférable. En outre, une fois ce dernier désintéressé, il pouvait se faire que la valeur de l'immeuble fût inférieure au montant des deux créances réunies. —

Au reste, le *jus offerendæ pecuniæ* s'éteint par le même laps de temps qui opère la prescription de l'action hypothécaire (1).

---

(1) L. 7, § 5, C. de præsc. XXX, ann., 7, 39.

CHAPITRE II.

Du rang des créanciers entre eux.

Après avoir ainsi rapidement dégagé l'intérêt que présente le classement des divers créanciers hypothécaires, nous devons exposer d'après quelles règles se détermine le rang de ces créanciers. Toute cette matière est dominée par une règle unique d'une admirable concision : *Qui prior est tempore, potior est jure;* la plus ancienne hypothèque est préférée à la plus récente (1). Notre ancien droit formula plus tard le même principe : « Les premiers vont devant, » disait Loysel dans ses Institutes. Remarquons que la règle est ainsi conçue : *Qui prior tempore*, et non : *qui prior die*. Cette observation n'est pas inutile; le mot *tempòre* indique que l'on tient compte du moment précis où les hypothèques ont pris naissance et qu'on ne fait pas concourir entre elles deux hypothèques établies le même jour. Le droit français, au contraire, place sur la même ligne les hypothèques inscrites ou nées dans la même journée. Cette différence résulte de la dissemblance des deux régimes hypothécaires. L'hypothèque s'établissant à Rome sans publicité, on ne peut, pour déterminer son rang, se référer qu'au moment même de sa naissance; le débiteur, après avoir constitué une hypothèque, ne peut, par une convention postérieure, restreindre l'étendue du droit aliéné, ce qui aurait lieu si le créancier postérieur pouvait concourir avec le précédent. Dans le droit actuel, la publicité, base du régime hypothécaire,

(1) L. 11. D. Qui Potiores. 20, 4. — C. 2, 4 et 6. C. Qui potiores, 8, 18.

s'oppose à ce que la préférence d'heure et de moment soit admise. Le créancier, qui acquiert une hypothèque, est peu fondé à se plaindre du concours de la nouvelle hypothèque inscrite le même jour; la publicité des registres hypothécaires lui permet de savoir si son hypothèque est la seule prise; il ne doit verser, dans les mains de l'emprunteur, les espèces promises que lorsqu'il est assuré qu'aucune autre hypothèque ne concourt avec la sienne. Un autre motif, bien important aussi, a fait rejeter, par le législateur moderne, la règle romaine. Si les hypothèques inscrites le même jour ne concouraient pas entre elles, il dépendrait du conservateur de déterminer leur rang, en inscrivant en première ligne celle du créancier qu'il voudrait avantager.

Une deuxième remarque doit être faite à propos du principe : *Qui prior tempore*. On ne doit pas avoir égard à l'ancienneté de la créance, mais seulement, pourvu que celle-ci existe, à l'ancienneté du pacte constitutif d'hypothèque (1). Ainsi, Primus prête de l'argent à Titius, sans exiger de lui une hypothèque. Plus tard, Titius emprunte à Secundus une somme d'argent et lui fournit hypothèque sur son immeuble. Cela fait, Primus exige une hypothèque sur le même immeuble de Titius. Bien que sa créance soit antérieure, son hypothèque sera primée par celle de Secundus. Primus, assez imprudent pour prêter de l'argent sans exiger de son débiteur une garantie, ne peut se plaindre de ce qu'en hypothéquant plus tard ses immeubles, celui-ci ait concédé à Secundus une position préférable. Créancier chirographaire, Primus a suivi la foi de son débiteur, qui peut diminuer son patrimoine, pourvu qu'il agisse sans fraude. Ce principe est absolu, et l'empereur Antonin en faisait une application fort rationnelle lorsqu'il décidait que la république d'Héliopolis devait être préférée, en vertu de son hypothèque, même sur les biens

(1) L. 12, § 2, Qui pot. 20, 4.

héréditaires, à l'encontre de celui qui avait contracté avec Sosien le décédé (1).

Les hypothèques sont-elles nées au même moment, elles concourront ensemble : *qui concurrunt tempore, concurrunt jure.* — Malgré la généralité de cette règle, elle est quelquefois modifiée par l'application d'un autre principe que l'on peut formuler ainsi : *in pari causâ, melior est causa possidentis*, et la nature de l'action servienne produit des résultats qu'il faut indiquer. Dans la loi 10, *de pignoribus*, au Digeste, Ulpien suppose qu'un débiteur a engagé ses biens en même temps à deux créanciers. Le jurisconsulte fait une distinction ; les biens ont-ils été engagés par parties, *pro partibus*, chaque créancier aura, et contre l'autre créancier, et contre les tiers, l'action servienne utile, au moyen de laquelle chacun obtiendra la possession de la moitié de chaque chose. A-t-on voulu que les biens soient obligés à chacun des créanciers pour la totalité, chacun pourra exercer l'action servienne pour le tout contre les tiers possesseurs. Mais si la contestation s'élève entre les deux créanciers, la condition de celui qui possèdera, sera la meilleure. Le possesseur jouira de l'exception : *si non convenit ut eadem res mihi quoque pignori esset.* — Ce résultat a pourtant été nié par quelques auteurs. Ils se sont appuyés sur ces mots de la loi 2, *de Salviano interdicto*, au Digeste : *In Salviano interdicto, si in fundum communem duorum pignora sint ab aliquo invecta, possessor vincet et erit eis descendendum ad Servianum judicium.* — Ce qu'il y a de remarquable dans l'objection de nos adversaires, c'est que ces derniers mots sont d'Ulpien, dont nous invoquions tout à l'heure le témoignage à l'appui de l'opinion contraire. Ce rapprochement doit nous mettre en défiance sur l'explication que nos adversaires donnent de la loi 2. — D'après eux, Ulpien suppose dans cette loi l'espèce qu'il

(1) C. 5, C. qui pot., 8, 18.

avait prévue dans la loi 10 précitée. Deux créanciers ont reçu une hypothèque sur un même immeuble, l'un des deux est en possession ; son co-créancier l'attaque, et, comme de juste, est battu au possessoire. Recourant alors à la voie pétitoire, à l'action hypothécaire, il triomphe. En conséquence, il est faux de dire que la possession assure au co-créancier un avantage analogue à celui d'un premier créancier, comme nous le prétendions tout à l'heure. Telle est l'objection de nos adversaires. Pour nous, nous maintenons qu'elle n'est pas sérieuse, et qu'elle prête à la loi 2 un sens qui n'était pas dans l'esprit d'Ulpien, son rédacteur. Pour bien comprendre cette loi, il suffit de poser que l'hypothèque a été consentie aux deux créanciers, à chacun pour moitié, *pro partibus*. Dès lors, tout s'explique. Le demandeur attaque le possesseur par l'interdit Salvien ; celui-ci le repousse par l'exception : *si non mihi quoque*..... Battu au possessoire, le demandeur doit triompher au pétitoire, en prétendant que la chose lui a été hypothéquée, *pro partibus*. Ces conséquences sont fort justes, et concordent parfaitement avec ce que nous dit Ulpien dans la fin de la loi 10.

Le double principe : *Qui concurrunt tempore, concurrunt jure — Qui potior tempore, potior jure*, reçoit exception lorsque l'une des hypothèques appartient à la catégorie des privilégiées, dont nous avons fourni ci-dessus l'énumération. Celles qui ont ce caractère, bien que postérieures en date, passent avant les autres hypothèques. Nous dirons plus tard dans quel ordre il faut les classer elles-mêmes.

Il semblerait que la simplicité même des principes admis, en notre matière, par les jurisconsultes romains fût un obstacle à l'existence de toutes difficultés d'application. Il n'en a pas été ainsi cependant. Les prudents romains eux-mêmes se sont livrés à l'étude d'hypothèses fort délicates. En outre, parmi les commentateurs modernes, plusieurs ont nié la généralité de notre règle, surtout lorsque le concours s'établit entre des hypothèques générales. — Nous devons donc, après avoir indiqué le principe fondamental, suivre à notre tour nos devanciers dans l'examen de ces importantes questions. Pour procéder avec ordre, nous diviserons ce chapitre en trois sections. Nous examinerons dans la première, l'hypothèse du concours de deux hypothèques spéciales ; dans la deuxième, le concours de deux hypothèques générales ; et dans la troisième enfin, nous mettrons en présence une hypothèque générale et une hypothèque spéciale.

Section Ire

Concours de deux hypothèques spéciales.

Ces hypothèques, nées ou constituées sur des objets déterminés peuvent être toutes deux pures et simples, ou l'une pure et l'autre conditionnelle, ou l'une ordinaire, l'autre privilégiée, ou enfin toutes deux privilégiées. Nous examinerons successivement ces diverses hypothèses.

A. *Pures et simples.* — Les deux hypothèques ont été consenties à deux époques différentes...., ou bien elles l'ont été au même moment, ou bien il est impossible de fixer la date de l'une et de l'autre. Dans cette dernière hypothèse, on suppose alors qu'elles ont la même date, et le cas rentre dans la seconde espèce. Si les hypothèques ont été constituées à la même époque, elles viennent en concours, sauf la préférence accordée à celui qui possède, comme nous l'avons exposé ci-dessus (1).

Si les hypothèques ont été constituées à des époques différentes, sans aucun doute il faut appliquer la règle :

(1) L. 20, § 1. De pigner. act. 15.7.

qui prior est tempore, (1). Les jurisconsultes romains nous l'enseignent; Papinien, notamment, dans la loi 1re, sur laquelle nous reviendrons tout à l'heure. Il est pourtant un texte du même auteur qui semble contredire notre proposition. Voici l'espèce par lui prévue : Deux frères possédaient par indivis une pièce de terre. Avant le partage, Primus hypothèque sa part indivise. Le partage s'opère sans tenir compte, bien entendu, de l'hypothèque. La part de Secundus se trouve grevée pour moitié de l'hypothèque consentie par Primus. Pour garantir son frère contre les poursuites du créanciers, Primus hypothèque à Secundus la moitié de la portion qui lui est échue par le partage. On demandait à Papinien lequel du créancier primitif ou de Secundus serait préféré. Le préfet du prétoire répond que le premier créancier n'est pas préférable au second. Il en donne cette raison irréfutable que les deux hypothèques n'affectent pas le même objet. En effet, dans la moitié échue à Primus, il n'y a qu'une part qu'il ait pu précédement valablement obliger en faveur du créancier; l'autre partie n'a pas pu l'être, comme excédant sa part indivise, sans le consentement du co-propriétaire. Par suite, la solution donnée ne contredit en rien notre principe, puisque, dans l'espèce, le concours est impossible (2).

Quand même le deuxième créancier serait en possession de la chose engagée, le premier lui serait toujours préféré; *licet posteriori res tradatur, adhuc potiorem esse priorem* (3). Mais il n'en serait plus ainsi si l'hypothèque avait été concédée par le débiteur avec le consentement du premier créancier. Le second serait évidemment préféré; car la convention ne peut pas s'interpréter autrement que comme une renonciation par le premier créancier au droit

(1) L. 11, D. qui pot., 20, 4.
(2) L. 3, § 2. Qui pot., 20, 4, D. — C. 2, C. Comm. divid., 3, 37.
(3) L. 12, § 10. Qui pot., 20, 4, D.

d'invoquer contre le second le privilége de l'antériorité. Toutefois, par ce consentement, le créancier doit-il être considéré comme ayant entendu renoncer absolument au droit d'hypothèque, de telle sorte qu'un troisième créancier pût le lui opposer? Marcien répond que c'est une question de fait; il faudra, dit-il, examiner quelle a été l'intention des parties et voir si le premier créancier, en permettant au débiteur d'hypothéquer la chose à un autre, a entendu renoncer entièrement à son droit, ou seulement modifier l'ordre de collocation, et prendre lui-même le second rang (1). Paul, au contraire, considère le premier créancier comme ayant fait remise de son droit de gage, lorsque c'est au profit d'un troisième créancier qu'il a consenti à la dation de l'hypothèque par le débiteur. Cette solution ne nous paraît pas contradictoire avec l'opinion de Marcien. En effet, Paul n'admet pas que le troisième créancier prenne la place du premier. Il ne pourra donc jamais venir qu'après le deuxième, et, pour que le consentement donné par le premier lui soit profitable, il faut que le premier disparaisse, même à l'égard du second, et par conséquent la position du créancier intermédiaire se trouve améliorée. Or, si par la force des choses, il arrive ainsi que le premier créancier ne puisse plus opposer son droit de préférence au second, Paul a raison de dire qu'il doit être considéré comme ayant renoncé à son droit de gage (2). Si le premier créancier avait voulu favoriser le troisième sans perdre lui-même son droit de gage, il aurait dû donner à ce troisième créancier sa propre hypothèque en gage, créer ce que l'on a appelé un *pignus pignori datum* (3).

Si le droit du premier créancier vient à s'éteindre, le deuxième arrive au premier rang, quel que soit le mode

(1) L. 12, § 4. Qui pot., D. 20, 4.
(2) L. 12, Quib. mod. pig. D. 20, 6.
(3) L. 13, § 2. De pign. D. 20, 1.

d'extinction. Pomponius fait une application de cette règle au cas de compensation. Le débiteur a vendu un objet au premier créancier, et compense la somme empruntée avec le prix de vente ; peu importe, dit le jurisconsulte, qu'il y ait eu paiement ou compensation, le second créancier occupera le premier rang (1).

Si cependant la première créance n'est éteinte que par l'effet d'une novation opérée entre le débiteur et le premier créancier, qui exige de nouvelles hypothèques, Papinien et Marcien décident que ce dernier conserve l'antériorité de rang comme se succédant à lui-même. En effet, en exigeant de nouvelles hypothèques, le créancier a formellement manifesté l'intention de n'opérer novation qu'à la condition de conserver ses garanties. — Le second créancier ne peut pas se plaindre, car il est évident, comme le remarque Marcien, que si le premier fait vendre le gage, il ne pourra se payer sur le prix que du montant de la première créance, et non de la somme qu'il a prêtée depuis. Le second créancier recevra l'excédant du prix sur le montant de la première dette. Ses droits sont donc sauvegardés, parce que si l'on se refusait à considérer le premier créancier comme se succédant à lui-même, la novation ne s'opérerait pas, par défaut de la condition à laquelle elle est subordonnée, et la première dette continuerait à subsister avec toute son énergie (2).

Si au lieu d'une novation le premier créancier a fait un nouveau prêt à son débiteur, les choses ne se passeront plus de même. Le créancier intermédiaire aura droit à l'excédant du prix de la chose sur le montant de la première créance, et s'il offre au créancier préférable la somme prêtée en premier lieu et les intérêts de cette

(1) L. 4. Qui pot. D. 20, 4.
(2) L. 3 et 12, § 5. D. Qui pot., 20, 4.

somme, celui-ci ne viendra qu'après lui pour la somme qu'il a postérieurement prêtée au même débiteur (1).

Lorsque la créance garantie par la première hypothèque s'éteint par suite du paiement fait par un créancier postérieur entre les mains du premier, l'hypothèque ne disparait pas. Celui qui paie est substitué aux lieu et place du créancier désintéressé. C'est la conséquence des principes relatifs à *l'offerendæ pecuniæ facultas*. Quelques personnes en avaient tiré une conclusion qui parait inadmissible à Paul et qui fait le sujet de la loi 16 du titre *Qui potiores*. Claudius Félix a hypothéqué le même fonds à trois créanciers, à Eutychiana, à Turbon, et enfin, à une troisième personne. Un conflit s'élève entre le troisième créancier d'une part, et d'autre part le premier et le deuxième. Eutychiana perd son procès. Le troisième créancier doit-il l'emporter sur Turbon par la raison qu'il a triomphé contre Eutychiana, ou celle-ci étant écartée, Turbon doit-il exclure le troisième créancier? Quelques personnes pensaient que le troisième créancier devait être préféré, et elles en donnaient cette raison que, comme au cas de paiement, il avait pris la place d'Eutychiana. Paul repousse cette solution. La chose jugée ne peut nuire ni profiter à d'autres qu'à ceux contre lesquels la sentence a été prononcée. De même, dit le jurisconsulte, qu'après le premier procès où Eutychiana a été vaincue par le troisième créancier, Turbon qui a obtenu gain de cause contre ce dernier, ne pourrait pas invoquer l'exception de la chose jugée contre la première créancière, de même ce troisième créancier ne peut pas opposer l'exception de la chose jugée à Turbon qui était au second rang. Ce qui causait l'erreur de ceux qui consultaient Paul, c'est qu'ils n'avaient pas suffisamment remarqué que dans le cas où le troisième créancier a désintéressé le premier, il ne l'emporte sur le second que par l'effet d'une cession d'ac-

(1) L. 20, D. Qui pot. 20, 4. — L. 12; § 5. D. h. t.

tion forcée, qui implique à son profit le maintien de la première hypothèque. Tandis que dans l'espèce posée au jurisconsulte, il s'agissait de savoir si l'hypothèque reconnue par jugement, inexistante à l'égard du troisième, était par cela même inexistante vis-à-vis du second. Sur ce point, les règles de l'autorité de la chose jugée ne permettaient pas de donner une autre solution.

La subrogation qui s'opère ainsi au profit de celui dont l'argent sert à désintéresser le premier créancier, est opposable au deuxième, alors même que ce créancier intermédiaire aurait stipulé que l'objet lui serait engagé s'il cessait de l'être envers le premier. Bien que, dit Marcien, la condition apposée à l'hypothèque du créancier intermédiaire, paraisse réalisée, néanmoins, le troisième créancier sera préféré au second. Ce résultat ne peut s'expliquer qu'en admettant que l'hypothèque concédée à Titius n'est pas éteinte, mais seulement transmise au troisième créancier (1).

La règle *prior tempore, potior jure*, s'applique tout aussi bien à l'égard d'une cité que d'un simple particulier (2); et dans le cas où le gage résulte d'une sentence judiciaire, comme lorsque l'hypothèque est simplement conventionnelle.

Le fait de la possession ne modifie pas notre principe. Si tous les créanciers sont égaux en rang, celui d'entre eux qui possède ou a été envoyé en possession, ne primera pas les autres (3). Ne le sont-ils pas, le premier en date sera toujours préféré, quand même le deuxième aurait la possession, qui lui sera enlevée par l'action hypothécaire. Mais ceci n'est vrai, comme le remarque Paul, que lorsque la chose a été hypothéquée par la même personne, propriétaire ou non de l'objet. Si les hypothèques

(1) L. 12, § 8. Qui pot. D. 20, 4.

(2) C. 2, 3, 4 et 8. C. Qui pot. 8, 18.

(3) L. 8, § 3. Ut in poss. D. 36, 4.

ont été consenties par deux personnes différentes, qui ne sont propriétaires ni l'une ni l'autre, celui des deux créanciers qui possédera, sera préféré à l'autre. Solution conforme à celle qui est donnée en matière d'action publicienne, lorsque le conflit s'élève entre deux acquéreurs différents non-propriétaires. *In pari causâ, melior est causa possedent's* (1).

Le principe général s'applique, on le comprend, également au cas où les deux dettes, ou une seule d'elles, sont à terme (ce qui arrivera le plus fréquemment). C'est toujours au moment du pacte d'hypothèque qu'il faut se placer, et non à l'échéance des termes, pour déterminer quelle est l'hypothèque préférable. Africain fait une application de notre règle assez remarquable, dans l'hypothèse d'une *locatio balnei*. Primus ayant pris à bail une maison de bains appartenant à Secundus, à partir des calendes prochaines, était convenu que l'esclave Eros serait hypothéqué pour garantie du payement des loyers. Avant les calendes, le même débiteur emprunte à Tertius, une somme d'argent, et donne le même Eros en gage à son nouveau créancier. On demandait à Africain, lequel des deux, de Secundus ou de Tertius, serait préféré. Le jurisconsulte répond que c'est Secundus, propriétaire des bains. Ce qui faisait douter le consultant, c'est que la jouissance n'ayant pas encore commencé, on aurait pu dire qu'il n'y avait pas de dette. Mais Africain remarque justement que bien qu'encore Secundus ne puisse rien exiger à titre de loyer, Primus n'en est pas moins tenu en vertu du contrat de louage. L'obligation existant, quoique son exécution soit reculée, l'hypothèque prend rang du jour de la convention, et Primus ne peut pas anéantir, ni compromettre par un nouveau contrat de gage ou pacte d'hypothèque, la garantie déjà fournie (2).

---

(1) L. 14, Qui pot. D. 20, 4. — L. 9, § 4. De public. in rem act. D. 6. 2.
(2) L. 9. Qui pot. D. 20, 4.

B. *Hypothèque pure et simple, et hypothèque conditionnelle.* — Si l'une des deux créances garanties par une hypothèque est conditionnelle, auquel des deux, du créancier conditionnel ou du créancier pur et simple, donnerons-nous la préférence ? Il faut, bien entendu, pour que la question s'élève, supposer que c'est l'hypothèque constituée en premier lieu, qui est conditionnelle. La rétroactivité que les jurisconsultes romains, par interprétation de la volonté des parties, ont attribuée à la réalisation de la condition, aura-t-elle ici pour effet de faire accorder le premier rang au créancier conditionnel ? Sans aucun doute. En effet, comme le dit Gaius, la condition une fois réalisée, c'est comme si la créance était née dans le principe sans condition. On est donc en réalité en présence, une fois la condition réalisée, de deux hypothèques pures et simples, auxquelles s'applique le principe général : *prior tempore, potior jure* (1).

L'étude de cette hypothèse n'exigerait pas de plus longs développements, si toutes les conditions étaient casuelles. Mais on sait que les jurisconsultes romains distinguaient rationellement la condition potestative de la condition casuelle. La condition potestative peut exister, soit *ex parte creditoris*, soit *ex parte debitoris*. Des textes nombreux nous apprennent que l'obligation contractée sous une condition potestative de la part du débiteur, est entièrement inexistante ; parce qu'en effet, il n'y a pas eu intention de s'obliger. *Stipulatio non valet in rei promittendi arbitrium collatâ conditione*, nous dit Ulpien (2). Si donc la condition sous laquelle l'hypothèque a été donnée, dépend de la volonté du débiteur, notre règle ne sera plus applicable. Aussi Africain disait-il avec raison : *Sub conditione creditorem tuendum adversus eum, cui*

(1) L. 11, § 1, et l. 9, § 2. D. Qui pot. 20, 4.
(2) L. 17. l. 46, § 3. D. De verb. oblig. 45, 1.

posteà quidquam deberi cœperit, si modò non eà conditio sit quæ invito debitore impleri non possit (1). En effet, l'hypothèque ne peut exister qu'à titre de droit accessoire, se rattachant à une créance principale ; et cette dernière ici n'existe pas encore.

Ainsi donc, quand il s'agit de fixer le rang d'une hypothèque conditionnelle, un seul point doit être examiné : dépend-t-il du caprice, de la volonté du débiteur, que l'obligation prenne naissance ? Si oui, l'hypothèque ne prend rang qu'à dater de la réalisation de la condition. Si non, elle prend rang au moment même du pacte constitutif. Tel est le principe dont les jurisconsultes romains ont fait diverses applications que nous allons rapidement examiner.

Dans la loi 1, *quæ res pignori*, Paul suppose que Titius, se proposant d'emprunter de l'argent à Mœvius, lui a donné à titre d'hypothèque certains objets, a vendu quelques-uns d'entre-eux, et ensuite a reçu l'argent. Les choses vendues avant la numération des espèces, seront-elles hypothéquées à Mœvius ? Non, répond le jurisconsulte. L'obligation n'était pas née au moment du pacte d'hypothèque, et il était au pouvoir du débiteur de l'empêcher de naître, en n'acceptant pas l'argent. L'hypothèque ne paraît donc contractée qu'au moment où l'argent a été compté, et ne porte que sur les objets que le débiteur avait dans ses biens au moment où il a touché l'argent. — Conformément à cette doctrine, Gaius supposant deux prêteurs de deniers s'étant fait accorder tous deux une hypothèque, déclare que sera préféré celui, qui le premier aura compté les écus, bien qu'antérieurement le débiteur fût convenu avec l'autre que la même chose lui serait hypothéquée, et que ce débiteur ait postérieurement reçu la chose promise. Malgré la convention antérieure, le débiteur restant maître de ne pas recevoir cet argent, il n'était pas vrai de dire qu'il

(1) L. 9, § 1, D. Qui pot. 20, 4.

existât une obligation que pût garantir l'hypothèque. C'est encore le même principe qui a dicté au même jurisconsulte une solution analogue, dans l'hypothèse où un fermier hypothèque à un tiers une chose qu'il avait promis d'apporter sur le fonds, avant cette introduction. La préférence appartient à celui qui a reçu une hypothèque spéciale, parce qu'il dépendait du fermier de faire sortir à effet ou non la première convention, en introduisant ou n'introduisant pas les objets dans le fonds. (1).

Mais lorsqu'il ne dépend pas du débiteur de faire naître à son gré l'obligation, l'hypothèque prendra rang au jour du pacte constitutif. Papinien suppose dans la loi première, *Qui potiores*, qu'une personne promet une dot pour une femme et se fait donner une hypothèque garantissant la restitution. Une partie de cette dot réceptice est payée au mari. Plus tard, celui-ci donne le même objet en gage à une autre personne ; enfin, il reçoit le restant de la dot. On demandait à Papinien, lequel des deux créanciers serait préféré, du constituant ou du prêteur de deniers. Le préfet du prétoire considérant que le mari, non-seulement ne peut pas se refuser à recevoir le montant de la dot, mais même serait obligé d'en poursuivre le payement, s'il n'était pas effectué, que par suite, il ne dépend pas du mari de faire naître ou non l'obligation de restitution, décide que l'hypothèque prendra rang du jour où l'obligation à été contractée. En effet, c'est à partir de ce jour-là que la dot aurait dû être payée, et par suite à partir de ce même jour, que naît l'obligation éventuelle de restitution. A première vue, Papinien semble motiver sa réponse par cette seule considération qu'il n'est pas au pouvoir du constituant de ne pas payer le restant de la dot, ce qui ne paraît pas donner la raison de sa décision. Mais, et c'est là le caractère remarquable des écrits des jurisconsultes, Papinien sous-entend la suite du raisonnement. Si le constituant n'a pas la pos-

(1) L. 11, pr. et § 2. Qui pot. D. 20, 4. — L. 1, § 1, h. t.

sibilité d'échapper au payement du restant de la dot, c'est que le mari est tenu de la recevoir et de la réclamer; sinon, il en serait responsable vis-à-vis de sa femme. C'est donc, en réalité, parce qu'il ne dépend pas du débiteur, ici le mari, de faire naître ou non l'obligation de restitution que l'hypothèque prend rang du jour où est née, même éventuellement, cette obligation.

Remarquons que l'hypothèque consentie comme garantie d'un prêt non encore effectué, produira néanmoins ses effets, lorsque le prêt aura été réalisé. — C'est la solution que donnent implicitement les textes, déjà cités sur la question de priorité. Celle-ci ne s'élèverait pas, si l'hypothèque était considérée comme inexistante. Mais le droit réel d'hypothèque ne naîtra que lorsque concourront les conditions essentielles à son existence, et notamment une créance principale. Si donc le débiteur n'a pas consenti de nouvelles hypothèques, ou s'il ne les a consenties qu'après la réalisation du prêt, le créancier sera préféré aux chirographaires ou aux hypothécaires postérieurs.

En droit français, si l'on ne discute plus, dans l'état actuel de la doctrine et de la jurisprudence, la validité de l'hypothèque garantissant une *ouverture de crédit*, la question de savoir si l'hypothèque, constituée pour sûreté d'un crédit ouvert ou d'une promesse de prêt, remonte au jour de l'inscription prise en vertu de l'acte de constitution, ou si, au contraire, elle ne date, pour chacune de ces sommes, que du jour où elle a été prélevée, soulève encore, sinon en jurisprudence, du moins en théorie, les plus vives controverses. En droit romain, en présence des principes posés, la question analogue est facilement résolue. L'hypothèque ne prend rang que du jour de la réalisation du prêt. C'est l'opinion admise par Merlin; c'est la seule acceptable. Mais, dira-t-on, comment les jurisconsultes romains n'ont-ils pas compris que classer ainsi l'hypothèque, consentie comme garantie d'un prêt futur, c'était rendre impossibles des promesses de prêt ou ouvertures de crédit? — Cette objection, qui, du reste, ne peut pas détruire l'autorité des textes ci-dessus cités, et notamment de la loi 1re, § 1, et de la loi 11, *Qui potiores*, n'a pas, lorsqu'on y réfléchit, toute la portée et toute la force qu'on serait tenté de lui accorder à première vue. En effet, il était toujours loisible au futur créancier de se faire manciper ou livrer, avec clause de fiducie, la chose qui devait garantir le remboursement du prêt futur. Rien ne s'opposait à ce que dans la convention de fiducie, on n'insérât l'indication d'un terme; passé lequel, si le prêt n'était pas effectué, le *tradens* pourrait réclamer la *remancipatio* ou la *traditio* de l'objet aliéné. C'est ainsi, par la nécessité de garantir, dores et déjà, le créancier futur au cas d'ouverture de crédit, que nous croyons pouvoir expliquer le maintien de l'aliénation fiduciaire, dont tant de textes nous apportent la preuve, postérieurement à l'admission du pacte d'hypothèque.

Objectera-t-on que dans le droit de Justinien, nous ne trouvons plus trace (sauf dans quelques textes maladroitement interpolés) de l'aliénation fiduciaire, et qu'au moins, pour cette époque, existe l'inconvénient ci-dessus signalé? Nous répondons que ce sont ordinairement les banquiers qui font l'opération, appelée ouverture de crédit, et que les *argentarii* jouissaient d'un privilége sur toutes choses achetées avec l'argent prêté, lorsqu'ils s'étaient fait donner une hypothèque par un acte écrit (1). Il y avait donc pour eux un moyen bien simple d'être garantis. Il suffisait qu'au moment où ils s'engageaient à fournir les fonds, ils obtinssent du débiteur une hypothèque constatée par un *instrumentum*. Toutes choses achetées avec l'argent par eux fourni, étaient immédiatement affectées de leur privilége. — Dira-t-on que ce n'est là qu'un palliatif, et que dans plusieurs cas, le moyen indiqué ne sera pas applicable. Cela est certain, mais il nous

(1) Nov. 136, ch. III. — C. 7, D. Qui pot. 8, 18.

paraît évident que les cas où l'*argentarius* ne pourra pas acquérir de privilége, sont au contraire les cas exceptionnels.

Quelques auteurs allemands pensent que l'hypothèque, constituée pour sûreté d'une obligation conditionnelle produit ses effets dès l'époque de sa constitution, toutes les fois que le futur créancier n'est pas libre de le devenir, quand même il dépendrait du futur débiteur que son obligation ne prît pas naissance. Cette opinion a été adoptée par M. Bufnoir dans sa *Théorie de la condition* en Droit romain (1). Mais nous constatons, à regret, que le savant professeur n'a nullement établi les bases d'une doctrine dont nous ne trouvons pas trace dans les textes des jurisconsultes.

C. *Hypothèque pure et simple, en concours avec une privilégiée.* — Nous avons déjà dit que l'avantage du privilége était justement de faire passer avant les créanciers hypothécaires ordinaires le créancier auquel cette faveur est accordée, alors même que son droit aurait pris naissance postérieurement. Nous avons aussi indiqué les diverses hypothèques privilégiées. Toutes les fois donc que le conflit s'élèvera entre une hypothèque ordinaire et une hypothèque privilégiée, celle-ci sera préférable, quelle que soit l'époque de sa constitution. Ulpien applique ce principe dans les lois 5, 6 et 7, D. *Qui potiores* (2).

D. *Concours de deux hypothèques privilégiées.* — C'est un point très controversé parmi les commentateurs du Droit romain, que l'ordre à établir entre les divers créanciers hypothécaires privilégiés. Nous croyons que dans le dernier état du Droit romain, les hypothèques spéciales privilégiées doivent être ainsi classées. Parmi

---

(1) Bufnoir, Théorie de la Condition, p. 283, et suiv. — Vangerow. Lehrbuch, § 137.

(2) L. 5, *de rebus*, 27, 9.

les créanciers dont l'argent a été employé à l'acquisition, la reconstruction ou la conservation de la chose du débiteur, le plus récent prime le plus ancien, par cette simple raison que le dernier prêt a conservé la chose hypothéquée, même pour le créancier antérieur en date (1). Par conséquent, celui qui a prêté de l'argent pour la conservation de l'objet, acheté avec les deniers d'un *argentarius*, sera préféré à ce dernier, bien qu'il jouisse lui-même d'un privilége. Si nous supposons qu'on ait emprunté de l'argent, tout à la fois, à un simple particulier et à un *argentarius*, et que ce dernier se soit fait donner une hypothèque par acte écrit, nous pensons qu'il aura le premier rang. S'il n'en était pas ainsi, on ne s'expliquerait pas le privilége qui lui est spécial, en présence du privilége accordé à toute personne, dont l'argent a servi à l'acquisition de la chose hypothéquée (2).

Enfin, il ne peut pas y avoir, nous semble-t-il, de concours entre une hypothèque privilégiée spéciale et celle qui appartient au prêteur de deniers pour l'achat d'une *militia*. La question de rang ne pourra s'élever qu'en présence d'une hypothèque générale (3).

Section II.

Concours de deux hypothèques générales.

La faculté d'hypothéquer les biens à venir admise par le droit romain (4) a donné lieu à une question délicate.

(1) L. 5, l. 6, D. Qui pot. in pig. 20, 4. — C. 7, C. Qui pot. 8, 18. — Nov. 97, ch. III.

(2) Nov. 136, ch. III.

(3) Nov. 97, ch. IV. — Nov. 53, ch. V. — Voir Walter, Gesch. d. Ræm, Rechts, p. 400.

(4) L. 1 et l. 15, § 1, de pign. et hyp., 20, 1.

Par la nature même des choses, la naissance de l'hypothèque est reculée, quant aux biens qui entrent dans le patrimoine du débiteur, au moment de leur acquisition. Mais, si un même débiteur a successivement consenti à divers créanciers deux ou plusieurs hypothèques générales, et si postérieurement à ces hypothèques, il survient des biens au débiteur, ceux-ci seront-ils en même temps atteints de la double hypothèque, ou faudra-t-il tenir compte de l'antériorité de la convention et appliquer la règle générale : *prior tempore, potior jure?* Cette question est vivement controversée parmi les commentateurs du droit romain. Pour nous, nous pensons, et nous l'avons déjà fait entrevoir que le principe général exerce ici encore son empire. Son application est une conséquence naturelle de l'admission de l'hypothèque sur les biens à venir. Si le débiteur a pu valablement grever son patrimoine futur au profit d'un premier créancier, il ne doit plus lui être permis d'affecter le même gage à un autre, si ce n'est sous le respect du droit dont il est déjà atteint. Il est inadmissible qu'un débiteur puisse à son gré et par caprice créer des droits, puis les restreindre ou les anéantir, favoriser arbitrairement l'un de ses créanciers au détriment de l'autre. Et cependant, si l'on rejette le principe général, il dépendra de ce débiteur de diminuer autant qu'il lui plaira, par de nouveaux engagements, la sûreté qu'il avait constituée. Nous ne pouvons croire que les jurisconsultes romains, hommes si pénétrés des nécessités pratiques, aient repoussé une doctrine dont l'équité a prévalu dans le droit moderne. Notre jurisprudence, en effet, tient compte sur les biens à venir de l'ancienneté des droits hypothécaires. Il nous semble, au contraire, malgré la controverse élevée sur ce point, que les textes de la compilation justinienne sont en parfaite harmonie avec la théorie qui veut appliquer au concours d'hypothèques générales la règle : *prior tempore, potior jure.*

Elle était tout au moins admise par le jurisconsulte

Scœvola dans la loi 21, *qui potiores*. Il nous propose l'espèce suivante : Titius, tuteur de Séia, est condamné, par suite d'un compte de tutelle, à lui payer une certaine somme. Pour garantir son obligation, il hypothèque au profit de sa pupille ses biens présents et futurs, *omnia bona sua quæ habebat, quæque habiturus esset*. — Plus tard, il emprunte au fisc une somme d'argent, et lui fournit une hypothèque générale sur ses biens, *posteà mutuatus a fisco pecuniam pignori ei res suas omnes obligavit*. Avec cet argent emprunté, il paye à Séia une partie de sa dette, et pour le reste il intervient une novation garantie d'ailleurs par la même hypothèque générale concédée lors de la première obligation (1). On demande si Séia sera préférée au fisc, non seulement par rapport aux biens que Titius possédait lors de la première obligation, mais aussi par rapport à ceux acquis depuis ce temps jusqu'au parfait payement de Séia. Scœvola trouve cette solution fort juste et ne fait aucune difficulté pour l'accepter.

En présence de ce texte, notre théorie semble irréfutable. Toutefois, elle a trouvé des contradicteurs. Cujas s'est posé un des premiers en adversaire de ce système. Selon lui, tous les créanciers à hypothèque générale venaient en concours sur les biens que le débiteur acquérait. Il n'y avait aucun compte à tenir de la date des conventions. Il appuie sa décision sur la loi 7 § 1. D. *Qui potiores*, d'Ulpien, dont voici l'espèce : Je vous ai engagé mes biens à venir, et j'ai pareillement engagé à Titius un fonds de terre, dans le cas où j'en acquerrais la propriété, *si tibi quæ habiturus sum obligaverim et Titio specialiter fundum*,

(1) Quelque difficulté pourrait s'élever sur la question de savoir si cette novation n'a pas pour effet de faire perdre à Seia l'antériorité de son rang. Mais Scœvola a soin de décider la question négativement. Du reste, ce résultat est conforme à la loi 3. Dig. *Qui potiores* Papinien, — et à la loi 12, § 5, cod. tit. Marcien.

si in dominium meum pervenerit. Ulpien, d'accord avec Marcellus, pense que les deux créanciers viendront en concours, *putat Marcellus concurrere utrumque creditorem in pignore.*

Tel est le texte invoqué par Cujas ; il semble lui donner raison. Ce jurisconsulte n'admettait d'exception à la règle du concours qu'en faveur du fisc; et c'est cette exception qu'avait voulu indiquer le même Ulpien dans la loi 28. D. *de jure fisci,* ainsi conçue : *Si qui mihi obligaverat quæ habet habiturusque esset, cum fisco contraxerit, sciendum est, in re posteà acquisita, fiscum potiorem esse debere, Papinianum respondisse. Quod et constitutum est : prævenit enim c ausam pignoris fiscus.*

Cette théorie a pu d'autant mieux séduire les esprits, que les deux lois invoquées, bien que séparées dans le Digeste, étaient réunies dans l'ouvrage d'Ulpien (1). Elles appartiennent à un même ordre d'idées, et elles semblent découler d'un système unique.

Toutefois, malgré l'autorité qui s'attache au nom de Cujas, bien que son opinion ait été admise par un grand nombre de jurisconsultes, et que sa théorie ait été reprise et affirmée par l'école allemande, nous ne saurions l'admettre en présence du texte si formel de Scævola, que nous analysions précédemment. Cujas l'explique de la façon suivante : Séia prime le fisc sur les biens que Titius possédait lors de la première obligation, *in illis rebus quæ Titius tempore prioris obligationis habebat*, et sur les biens qu'il a acquis depuis, *quas post priorem obligationem acquisivit.* Là se borne le droit de Séia. Scævola n'a voulu parler que de ces deux classes de biens. Quant à ceux que le débiteur a acquis après avoir contracté avec le fisc, le jurisconsulte romain n'en parle pas. Ils sont mis à part. C'est à eux que s'applique le privilége du fisc, et, par rapport à eux Séia se trouve primée par le fisc. Nous

(1) Ulpien, lib. 3. Disputationes.

n'avons pas le droit de supposer qu'ils restent engagés à Séia de préférence au fisc.

Cette explication, Cujas l'avait empruntée à Accurse. Elle a pour elle une origine des plus respectables. Nous ne pouvons pas pourtant l'admettre. La distinction que fait Cujas à propos des biens de Titius, loin de résulter du texte de Scœvola, nous semble contraire à ses expressions. Le grand défaut de cette explication est de ne pas tenir compte de cette phrase : *donec universum debitum suum consequatur*, jusqu'à ce que la dette de Séia soit totalement acquittée. Ce membre de phrase dénote clairement que la distinction proposée par Cujas n'était pas dans l'esprit de Scœvola. Il n'est fait aucune limitation du temps dans lequel le débiteur a pu acquérir des biens. La préférence de Séia est considérée d'une façon générale et s'exerce jusqu'au parfait payement de ce qui lui est dû. C'est ainsi que les rédacteurs des Basiliques avaient compris la loi, lorsqu'ils résument en ces termes la théorie de Scœvola (1). *Fisco præfertur Seia, tàm in his rebus quas habuit debitor, quàm in his quas posteà acquisivit.*

Comme nous le disions plus haut, l'école allemande (2) accepte l'explication de Cujas en ce qui concerne la réponse de Scœvola. Mais elle se sépare de lui quand il s'agit du fisc, quand il s'agit de concilier la loi de Scœvola avec la loi 7 d'Ulpien. D'après les jurisconsultes allemands, il n'existe pas d'antinomie entre ces deux lois, attendu que, du temps de Scœvola, le principe sur lequel s'appuie Ulpien n'était pas encore en vigueur. Le fisc n'avait pas d'hypothèque générale tacite sur les biens de son débiteur. Elle ne lui a été concédée que par Caracalla (3). La loi 7 doit, par conséquent, être étudiée indépendamment de la réponse de Scœvola.

---

(1) Lib. XXV. tit. 5. Basilicorum.
(2) Gluck.
(3) 216 ap. J.-C. — L. 1 et 2, C. In quibus causis.

Mais une fois l'antinomie mise de côté, la même difficulté s'offre aux partisans du concours. Comment expliquer la préférence accordée à Séia? Disons tout de suite que l'explication proposée par les Allemands participe du défaut reproché à celle de Cujas. Elle est spécieuse, elle ne se soutient que par des discussions sur les mots. Ils s'attachent à ces termes du texte : *Posteà mutuatus a fisco pecuniam, pignori ei res suas omnes obligavit*. Le débiteur a engagé *tous ses biens* au fisc. Tandis que, d'après les expressions mêmes du texte, il a engagé à Séia tous ses biens présents et futurs, *omnia bona sua quæ habebat, quæque habiturus esset*. Donc, l'hypothèque consentie au fisc ne porte que sur les biens présents du débiteur, tandis que l'hypothèque consentie à Séia est plus vaste, plus large; elle porte sur les biens présents, comme elle portera sur les biens futurs. Il n'y a donc pas dans l'espèce conflit entre hypothèque de biens à venir; il y a simplement conflit entre une hypothèque pure et simple et une hypothèque de biens à venir. Dès lors, les biens acquis postérieurement à la convention du fisc sont le gage de Séia seule, et le fisc ne peut y avoir aucun droit. Quant aux biens présents, il n'est pas étrange que Scævola donne la préférence à Séia, puisque le contrat qui a constitué son hypothèque est antérieur à celui qui a constitué l'hypothèque du fisc. — Du reste, toujours d'après l'école allemande, ce n'est pas sur sur ce point que portait la discussion; ce n'est pas pour régler le conflit que Scævola avait été consulté. On lui demandait uniquement si la novation intervenue ne devait pas faire considérer Séia comme ayant perdu les droits acquis précédemment; si cette novation, postérieure au contrat passé avec le fisc, ne devait pas la faire primer par celui-ci. La loi 21 est donc étrangère à la question qui nous occupe.

Cette explication n'est évidemment pas admissible. Après ce que nous avons dit précédemment et les textes rapportés ci-dessus, la question de novation ne peut pas être celle sur laquelle Scœvola est consulté. Nous savons que le créancier qui, en novant, réserve, pour la seconde obligation, les hypothèques attachées à la première, continue à les avoir au même rang que précédemment ; il se succède à lui-même, comme le dit Papinien. C'est donc bien la question de préférence qui était soumise à l'appréciation de Scœvola.

Nous avons actuellement à expliquer les textes dont argumentent les partisans du concours. Prenons d'abord la loi 7 § 1er d'Ulpien. D'accord avec Marcellus, cet auteur admet le concours entre un créancier à hypothèque générale et un créancier à hypothèque spéciale. *Marcellus putat concurrere utrumque creditorem in pignore.* Bien qu'il ne s'agisse pas ici du concours de deux hypothèques générales, nous reconnaissons que, si ce texte devait être interprété comme le veulent les auteurs allemands, il élèverait une objection puissante contre notre opinion. Mais nous croyons que l'espèce prévue par Ulpien a été mal comprise par nos adversaires, et nous croyons que la véritable explication a été donnée par Pothier dans ses *Pandectes.* Il faut admettre que les deux créanciers ont obtenu au même moment, l'un son hypothèque générale, l'autre son hypothèque spéciale. Ulpien, il est vrai, est muet sur cette circonstance. Mais, sans nous attacher plus qu'il ne faudrait à la valeur de la conjonction *et*, qui doit faire présumer une constitution simultanée, nous tirerons du texte même la démonstration de notre supposition. De quoi se se préoccupe Ulpien ? De la prétention du créancier à hypothèque générale que le fonds a été acquis avec les écus par lui prêtés, prétention qu'Ulpien écarte, d'accord avec Marcellus. Or, si le créancier avait eu l'antériorité de date, comment admettre qu'il eût omis d'invoquer cette raison pour primer son adversaire ? Comment admettre qu'Ulpien ne tienne pas compte de ce motif beaucoup plus sérieux pour écarter le concours, si, dans l'hypothèse, il avait pu être invoqué ? Mais c'est justement parce que le créancier n'avait pas cet argument à sa portée, qu'il alléguait que la chose acquise avec des deniers engagés est, par cela seul, subrogée réellement à ces mêmes deniers au profit du créancier.

Quant à la loi 28. D. *de jure fisci*, nous reconnaissons volontiers que postérieure à l'époque de Scævola, on ne puisse l'invoquer pour expliquer la réponse de ce jurisconsulte. Mais, comme cette décision d'Ulpien a pris place dans le recueil de Justinien au même titre que le texte de Scævola, il faut concilier ces deux décisions, à moins de vouloir reconnaître l'existence d'une antinomie. Nous avons déjà repoussé l'opinion de ceux qui pensent que le fisc jouissait d'une hypothèque privilégiée et qui expliquent ainsi la préférence qui lui est accordée par Ulpien et Papinien (1) ; nous avons dit que le fisc a simplement une hypothèque tacite soumise au principe général. Il nous faut donc expliquer pourquoi, dans la loi 28, le fisc se trouve préféré au créancier hypothécaire. Dans ce texte, Ulpien se réfère à une constitution. Or, celle-ci forme la loi 2 au Code, *de privilegio fisci* et l'empereur y décide que le fisc primera la femme sur les biens du mari, parce que son hypothèque a été consentie *antérieurement à celle de la femme*. Si le privilége exorbitant qu'admettent les partisans de l'opinion contraire, eût existé, l'empereur n'aurait pas donné, comme motif de la préférence accordée au fisc, l'antériorité de son hypothèque. Donc, Ulpien se plaçait évidemment dans une hypothèse semblable. Il est vrai que le texte ne détermine pas formellement l'ordre dans lequel les hypothèques ont été consenties. Mais il nous semble, avec Doneau et M. Machelard, que le verbe *contraxerit* peut parfaitement s'appliquer au passé et doit s'entendre d'une convention formée avec le

(1) Cujas, Recit. Solemn. in l. 28, D. *de jur. fisci.*

fisc, antérieurement à l'hypothèque générale concédée à Titius.

Enfin, il est un texte, qui, à notre connaissance, n'a pas été invoqué dans la question, et qui cependant la décide d'une manière non douteuse dans le sens par nous adopté. Et c'est même une coïncidence remarquable que ce texte appartient à Papinien dont Ulpien, dans la loi 28, invoquait l'autorité. Papinien suppose qu'un créancier, Primus, a reçu en gage des immeubles déterminés. Un second créancier, Secundus, obtient ensuite une hypothèque générale sur les biens du même débiteur. Enfin, le créancier Primus se fait consentir pour garantie de la même obligation ou d'une nouvelle, une hypothèque générale. Si les deux créanciers à hypothèque générale devaient venir en concours, comment Papinien nous dirait-il que c'est sans droit, *nullo jure*, que le premier créancier a vendu, avant d'avoir désintéressé le second, à titre de gage, les biens autres que les fonds qui lui avaient été spécialement hypothéqués? Pourquoi devait-il tout d'abord désintéresser le créancier Secundus? C'est que celui-ci lui était préférable sur les biens, autres que ceux qui avaient été hypothéqués spécialement. Et, telle est si bien la pensée de Papinien que, quelques lignes plus bas, se demandant si Secundus pourra avoir contre Primus l'action de vol pour les objets mobiliers aliénés, il répond négativement en s'appuyant sur l'erreur où est tombé Primus quant à l'ordre de préférence, *quia propriam causam*, ORDINIS ERRORE DUCTUS, *persecutus videtur*..... Quel est donc cet ordre, si les créanciers à hypothèque générale viennent en concours. — Nous constatons à regret que Cujas, partisan du concours des hypothèques générales, n'a pas relevé, dans son commentaire sur ce fragment de Papinien, l'argument si convaincant que ce texte pouvait fournir à ses adversaires. Le célèbre jurisconsulte toulousain ne s'occupe que de la question principale traitée par Papinien et répète simplement après lui que Secundus était préférable à Primus (1).

M. Machelard invoque en outre, en faveur de notre opinion, un texte d'Africain, incompatible avec la théorie du concours (2). Cette loi d'Africain est si concluante en notre faveur qu'il nous semble bon de la traduire en entier. Titia, après avoir hypothéqué à Titius une maison qui ne lui appartient pas, l'a hypothéquée également à Mœvius. *Titia prædium alienum Titio pignori dedit, post Mœvio.* Plus tard, en étant devenue propriétaire, elle la donne en dot à son mari, sous estimation. Cette estimation a pour effet d'en transmettre au mari la propriété parfaite et irrévocable (3). Africain décide, que même dans le cas où Titius aurait été payé de sa créance, l'hypothèque de Mœvius n'en est pas moins nulle, parce que le premier créancier étant éliminé, le droit du second ne peut être validé qu'autant que la chose se trouve dans les biens du débiteur. *Si Titio soluta sit pecunia, non ideò magis Mœvii pignus convalescere placebat; tunc enim, priore demisso, sequentis confirmatur pignus, quum res in bonis debitoris inveniatur;* or, dans l'espèce proposée, la chose n'appartient plus à Titia, mais bien à son mari.

Il y a dans cette loi (4) une difficulté étrangère à notre sujet, et que nous nous contenterons d'indiquer. D'après Africain, lorsque la maison a été hypothéquée à Mœvius, deux motifs s'opposaient à ce que l'engagement fût validé. La maison n'appartenait plus à Titia, et lui eût-elle appartenu, elle était déjà hypothéquée à un autre. — Or, nous le demandons, qu'importe que la chose fût déjà hypothéquée à un tiers? Est-ce que l'hypothèque de Mœvius, pour être seconde en date, n'en avait pas moins une certaine valeur?

---

(1) L. 1, de distr. pign. D. 20, 5,
(2) Machelard, Textes choisis sur l'hypothèque.
(3) De jure dotium. D. 23, 3.
(4) Loi 9, § 3. D. Qui potiores.

Mœvius était sans doute moins favorisé que Titius, premier créancier ; mais enfin, il avait un droit fort appréciable, ne fût-ce que le *jus offerendi*. — D'après Africain, l'hypothèque de Mœvius est nulle pour un second motif ; c'est que Titius étant désintéressé, l'hypothèque de Mœvius ne pouvait être validée, puisque la maison avait été donnée en dot au mari de Titia. Cette dernière raison est fort juste.

Le fragment d'Africain étant connu, nous demandons aux partisans du concours s'ils peuvent en donner une explication plausible. Titius et Mœvius ont reçu l'un et l'autre hypothèque sur biens à venir. D'après la théorie de nos adversaires, ils devraient avoir des droits égaux, et venir en concours sur l'immeuble acquis. Or, Africain décide tout le contraire ; il distingue parfaitement un premier et un second créancier ; il reconnaît que Titius est préféré à Mœvius. Cette loi nous paraît être un argument irrécusable en notre faveur, et n'aurions-nous pas le texte de Scævola, qu'elle suffirait pour autoriser notre théorie.

Donc, puisque aux hypothèques générales en concours il faut, à la suite des jurisconsultes romains, appliquer le principe fondamental : *prior tempore, potior jure*, il s'en suit que les règles que, dans notre première section, nous avons appliquées au concours d'hypothèques pure et simple et conditionnelle, ou d'hypothèque ordinaire et d'hypothèque privilégiée, recouvrent, à l'égard des hypothèques générales, tout leur empire et toute leur force.

Il nous reste seulement à déterminer le rang des hypothèques générales privilégiées entre elles. Ce point est l'objet, parmi les romanistes, d'une controverse fort vive, surtout en Allemagne. Nous ne pouvons pas reproduire ici, ni les diverses opinions qui ont été émises, ni les arguments sur lesquels elles s'appuient, à moins de vouloir étendre d'une manière excessive les limites de ce travail. La doctrine préférable à nos yeux est celle présentée par Schilling, par Maynz et par Pellat. Toutes choses égales, on doit placer au premier rang le fisc pour les impôts et les créances qu'il a contre un *primipilus*. Puis au deuxième rang, se place l'hypothèque dotale accordée à la femme et à ses descendants, tant sur les biens dotaux que sur les autres biens du mari. En cas de concurrence entre plusieurs hypothèques dotales, la date décide de la préférence. (1)

Section III.

Concours d'une hypothèque spéciale et d'une hypothèque générale.

Nous croyons avoir démontré d'une manière irréfutable dans les deux premières sections de ce chapitre, que le principe : *prior tempore, potior jure*, s'appliquait au concours des hypothèques spéciales et à celui des hypothèques générales. On est tout naturellement amené à en conclure que la même règle doit régir l'hypothèse du concours d'une hypothèque spéciale et d'une hypothèque générale. C'est aussi ce que décide formellement Papinien, lorsque, dans la loi 2. *Qui potiores*, au digeste, il nous dit : *qui generaliter bona debitoris pignori accepit, eo potior est cui posteà prædium ex his bonis datur, quamvis ex cæteris pecuniam suam redigere possit*. Ulpien professe la même doctrine dans la loi 8, *eodem titulo*. Une cité a reçu spécialement une chose en gage. Plus tard, le débiteur contracte avec le fisc. Celui-ci, nous le savons, acquiert une hypothèque générale pour garantie de sa créance. Ulpien décide que la cité passera avant le fisc, et

(1) C. 12, § 1. C. Qui potiores. 8, 18, — Nov. 91, ch. I. — Nov. 97, ch. III et IV. — Schilling, Lehrbuch, etc. § 221. — Maynz, Éléments de D. romain, tome I, § 249. — Pellat, Du gage et de l'hypoth., p. 101. — Gluck, Erlæut. Pand. — Zimmern, Rœmischrechtl. Untersuch, p. 304. — Buchhloetz, Comm. Qui potiores.

la raison qu'il en donne, est remarquable. Ce n'est point une faveur accordée à la cité. Elle est simplement traitée, nous dit-il, comme les particuliers, *quia et privati præferuntur*. Ce texte, pour le dire en passant, nous paraît inconciliable avec la doctrine de ceux qui veulent accorder au fisc une hypothèque privilégiée pour garantie de ses créances contractuelles.

Un autre texte du même Ulpien fait encore l'application du principe général, considéré sous son autre formule : *qui concurrunt tempore, concurrunt jure*. On sait qu'on peut hypothéquer les biens futurs. Ulpien suppose que Primus hypothèque à Secundus tout ce qu'il doit acquérir, et spécialement à Titius un fonds, s'il en devient propriétaire. Le fonds est acquis. Ulpien, s'appropriant l'opinion de Marcellus, pense que les deux créanciers concourront ensemble. Et ce qui prouve bien que la question de priorité, relativement à l'époque de la constitution des hypothèques, ne préoccupait pas Ulpien et lui paraissait toute simple, c'est que, dans la fin du texte, il s'inquiète d'une question toute différente. Secundus aurait pu prétendre que tous les biens de Primus lui étant engagés, les deniers avec lesquels l'acquisition avait été soldée, faisaient partie de son droit de gage, et que l'immeuble acquis leur était simplement subrogé ; ce qui aurait exclu le concours de Titius. Ulpien remarque que la circonstance que le paiement a été fait des deniers du débiteur, est peu importante. Car, dit-il, une chose acquise avec des deniers engagés à un créancier, ne lui est pas engagée par cela seul que l'argent l'était. — C'est encore à l'époque de la constitution des hypothèques que se placent les empereurs Valérien et Gallien, lorsque supposant en concours une hypothèque générale et une spéciale, ils décident que le créancier à hypothèque générale passera le premier, parce que *anteà contraxit* (1).

---

(1) C. 8. Qui pot. 8, 18.

Enfin, supposant le concours d'une hypothèque spéciale et de deux hypothèques générales, dans un texte que nous avons déjà relevé (1), Papinien se prononce d'une manière implicite, mais non douteuse, pour l'application de la règle : *prior tempore, potior jure*. Le jurisconsulte suppose qu'un créancier a reçu une hypothèque spéciale. Puis un nouveau créancier s'est fait accorder une hypothèque générale sur les mêmes biens, et enfin le premier a obtenu une semblable hypothèque. Le premier créancier a vendu, en cette qualité, les biens autres que les fonds qui lui avaient été spécialement hypothéqués. Papinien décide qu'il a agi sans droit, *nullo jure*, et qu'il aurait dû d'abord désintéresser le second créancier. Mais le soin avec lequel Papinien relève cette circonstance, que le premier créancier n'a pas vendu les fonds affectés de son hypothèque spéciale, montre bien que la solution serait tout autre si ces fonds avaient fait l'objet de la vente. Ce qui revient à dire que sur les fonds spécialement hypothéqués, le premier créancier est préférable, mais qu'il ne passe qu'après le deuxième sur les biens simplement atteints par son hypothèque générale.

Le principe reçoit donc encore ici son entière application, et par le rapprochement de ces divers textes, nous avons démontré l'unité de la théorie admise par les jurisconsultes romains. Mais si la règle : *prior tempore, potior jure*, n'engendre aucun inconvénient dans l'hypothèse du concours de deux hypothèques générales, il n'en est pas de même dans le cas qui nous occupe. Si le créancier préférable est en même temps celui qui a obtenu une hypothèque générale, il peut faire vendre, en vertu de son droit, les biens qui ont été spécialement affectés au deuxième créancier. Celui-ci court donc le risque de perdre complètement sa garantie, alors qu'il reste entre les

(1) L. 1, de distr. pign. D. 20, 5.

mains du débiteur une quantité suffisante de biens pour désintéresser complètement le premier. Le même inconvénient existe en droit français ; et dans le silence de la loi, qui n'a point réglementé cette hypothèse, en présence du principe de l'indivisibilité active et passive de l'hypothèque, les commentateurs du Code ont essayé de remédier à cette lacune. En 1841, on avait proposé d'accorder au créancier à hypothèque spéciale, évincé par l'hypothèque générale, une subrogation légale dans cette hypothèque. Mais la réforme hypothécaire ayant été ajournée, et aucun texte n'autorisant cette subrogation, elle ne s'aurait être admise. On a imaginé de faire payer le créancier à hypothèque générale par le créancier qui n'a qu'une hypothèque spéciale. Celui-ci subrogé aux droits du premier, en répartirait l'exercice sur les autres biens du débiteur, de manière à ne pas nuire à son hypothèque spéciale. Ce moyen ne sera pas toujours praticable. En outre, s'il y a plusieurs hypothèques spéciales, il nécessite autant de subrogation. Mais comme correctif à cette situation délicate, la doctrine admet que dans le cas où tous les immeubles sont vendus ensemble, et lorsque le créancier à hypothèque générale n'a aucun intérêt à être colloqué sur le prix de tel immeuble déterminé, on doit diviser l'hypothèque générale sur tous les immeubles au marc le franc de leur valeur, de façon à donner ensuite satisfaction aux hypothèques spéciales.

Le même palliatif n'est évidemment pas applicable, en droit romain, en présence du droit exorbitant accordé au premier créancier hypothécaire. Il reste bien au créancier à l'hypothèque spéciale la faculté d'user du *jus offerendæ pecuniæ* ; mais de même qu'en droit français, ce moyen ne sera pas toujours réalisable, car il exigerait une avance considérable et souvent impossible.

N'y aurait-il pas un autre moyen et n'aurait-on pas pu admettre que le créancier à hypothèque générale serait tenu de faire vendre d'abord les biens non affectés à l'hypothèque spéciale du second créancier, sauf à poursuivre subsidiairement les biens spécialement affectés, en cas d'insuffisance des premiers? Accurse l'avait pensé. Il s'appuyait sur la constitution de Sévère et d'Antonin Caracalla qui forme la C. 2, C. *de pignoribus*. Il voyait une antinomie entre ce rescrit et le fragment de Papinien, cité plus haut (1). Car le préfet du prétoire nous dit formellement que le créancier à hypothèque générale est préférable, en vertu de la date de son hypothèque, même sur le fonds spécialement affecté à un autre, quand même le premier créancier pourrait obtenir son paiement par la vente des autres biens, *quamvis ex cœteris pecuniam suam redigere possit*. Certes, s'il fallait interpréter la C. 2, comme autorisant le créancier à hypothèque spéciale à obliger le créancier à hypothèque générale à se payer sur les autres biens, l'antinomie serait flagrante, et elle aurait ceci de particulier (qui aurait bien dû mettre Accurse en défiance), que la constitution a été rendue par des empereurs qui ont dû consulter, avant de se prononcer, qui? Le préfet du prétoire, Papinien. Est-il admissible que cet éminent jurisconsulte ait pu ainsi se contredire? Poser la question, c'est la résoudre. Aussi, Cujas n'a-t-il pas eu de peine à démontrer l'erreur d'Accurse. L'hypothèse prévue par les empereurs n'est pas la même que celle qui forme l'objet de la première partie de la l. 2. Elle est, au contraire, identique avec la deuxième cas prévu par Papinien. Dans la deuxième partie de la l. 2, Papinien vise une hypothèse fréquemment réalisée. Comme nous l'indique Gaius (2), on avait l'habitude, après avoir hypothéqué spécialement certaines choses, d'insérer journellement dans les conventions un pacte par lequel les autres biens du débiteur, tant ceux qu'il avait présentement, que ceux qu'il acquerrait

(1) L. 2. *Qui potiores*. D. 20, 4.

(2) L. 15, § 1, de pign. et hyp. D. 20, 1.

par la suite, seraient subsidiairement obligés. Si le créancier pouvait obtenir son paiement sur les biens spécialement hypothéqués, la condition implicitement apposée à l'hypothèque générale venant à défaillir, le second créancier se trouvait, sur les biens subsidiairement hypothéqués au premier, plutôt créancier unique que créancier préféré, *non tàm potior quàm solus invenietur*. Il est vrai qu'à première vue, le texte de Papinien ne paraît pas prévoir cette hypothèse, et semble se référer au cas où la première hypothèque est générale, *quæ generaliter accèpit*. Mais outre que cette leçon n'est point certaine et qu'Haloander veut lire *specialiter* au lieu de *generaliter*, il est évident que le texte non corrigé ne présente aucun sens rationel. En effet, comment admettre une hypothèque spéciale subsidiaire à une hypothèque générale ? Mais si tout l'ensemble des biens a déjà été donné en gage au premier créancier, comment comprendre que l'on puisse lui conférer une hypothèque spéciale ? C'est l'hypothèse opposée qui est seule admissible, et nous savons par Gaius qu'elle était d'un fréquent usage. Aussi, Cujas corrige-t-il le texte comme le fait Haloander.

Le fragment de Papinien, ainsi rétabli dans sa sincérité, est en parfaite harmonie avec la constitution de l'empereur Caracalla. En effet, que suppose le prince? Que le premier créancier s'est fait accorder une hypothèque spéciale et concurremment une hypothèque générale (qui ne peut être évidemment que subsidiaire), *quamvis constet specialiter quædam et universa bona generaliter adversarium tuum pignori accepisse*. Le prince, après avoir admis que le droit d'hypothèque porte sur tous les biens (conditionnellement sur ceux atteints seulement par l'hypothèque générale), décide que le président de la province ne doit pas laisser enlever au second créancier les biens sur lesquels celui-ci a reçu une hypothèque spéciale postérieure, s'il est certain que le premier créancier peut obtenir son entier paiement sur les biens qui lui ont été spécialement affectés. Cette décision, comme le dit Cujas, est en parfaite harmonie avec la réponse de Papinien ; mais elle ne saurait baser l'opinion d'Accurse et nous devons reconnaître qu'en droit romain, comme dans le droit moderne, l'indivisibilité de l'hypothèque produit son effet au profit du créancier à hypothèque générale, à l'encontre du créancier à hypothèque spéciale. Celui-ci en est réduit au seul *jus offerendæ pecuniæ* (1).

L'hypothèque générale privilégiée passera évidemment avant l'hypothèque pure et simple. Mais quel rang faut-il accorder aux hypothèques privilégiées, tant générales que spéciales, lorsqu'elles concourent entre elles ? Nous avons déjà signalé la vive controverse que cette question avait fait naître. Nous attachant à l'opinion des auteurs cités ci-dessus, nous croyons qu'en présence des contradictions offertes par les constitutions impériales, la classification suivante est la meilleure.

Au premier rang se place le fisc (2). Ensuite, le préteur de deniers pour l'achat d'une *militia*, pourvu qu'il se soit expressément réservé le premier rang dans un acte souscrit par témoins (3). Après le fisc encore, on doit placer l'*argentarius* qui, ayant avancé de l'argent pour l'achat d'une chose quelconque, s'est fait constituer une hypothèque constatée par écrit (4). Au troisième rang, la plupart des auteurs placent l'hypothèque privilégiée accordée à la femme et à ses descendants. Et enfin, les autres créanciers privilégiés dont l'argent a été employé pour l'acquisition, l'amélioration, la construction ou la conservation de la chose du débiteur. S'il y a concours entre eux, le

---

(1) Cujas. *Comment. in d. l. 2. Qui potiores.*

(2) L. 34, de reb. auct. D. 42, 5. — C. 1, C. Si propt. publ. 4. 46. — C. 3, C. de primipilo, 12, 63.

(3) C. 27, C. de pign. 8, 14. — Nov. 53, ch. V. — Nov. 97, ch. IV.

(4) Nov. 136, ch. III.

plus récent prime le plus ancien, car, par ses avances, il a conservé le gage des autres (1).

L'examen des divers textes auxquels nous nous sommes livré, a confirmé et prouvé la vérité du principe que nous émettions au début de ce chapitre ; à savoir qu'une règle unique faisant découler la préférence de l'antériorité de l'hypothèque, domine toute la matière du concours des hypothèques. Principe simple, vrai et juste, qui ne mérite en lui-même que notre approbation ; en effet, il est inadmissible que le débiteur qui a déjà diminué son patrimoine par la création de droits réels, puisse à l'aide de conventions postérieures venir modifier la position acquise par les créanciers primitifs. — Mais ce principe perd une grande partie de son importance par l'absence de toute publicité. Comment savoir si des droits réels déjà constitués n'ont pas diminué la garantie offerte par le débiteur ? Quel est le créancier qui, en présence de cette antériorité possible, mais inconnue, et du droit de préférence qui en découle, quel est le créancier assez audacieux pour oser prêter de l'argent ? A-t-il été trompé, l'insolvabilité de son débiteur l'empêchera d'obtenir des dommages-intérêts. Il lui reste la dérisoire ressource du *jus offerendæ pecuniæ*. Et encore, peut-il s'en servir avec succès ? Qui l'assure que le créancier antérieur désintéressé était le seul dont le droit fût préférable ? — D'autre part, le droit exorbitant accordé au premier créancier, antique reste de la position que lui faisait l'aliénation fiduciaire, ce droit qui énerve dans les mains des autres la garantie qu'ils ont reçue, ce droit qui n'autorise que le premier créancier à faire vendre l'immeuble et qui place les autres à la merci de ses caprices, n'est-il pas destructif de tout crédit ? Qui osera prêter au débiteur ? Qui osera acquérir de lui, ou du créancier hypothécaire poursuivant la vente, alors que l'acquéreur se

---

(1) C. 12, § 1. C. Qui pot. 8, 18. — Nov. 91, ch. I. — Nov. 97, ch. III et IV.

trouve exposé à la poursuite d'un créancier préférable, resté inconnu? Que penser enfin de cette série interminable de procès possibles entre les divers créanciers, s'enlevant successivement l'un à l'autre la possession de la chose hypothéquée? Cependant, tel est le résultat presque quotidien du système romain. Et le moyen imaginé par le prêteur Servius pour étendre le crédit du débiteur, arrive à ne créer que l'insécurité. C'est ainsi que les erreurs législatives, nées d'une étude incomplète des nécessités économiques et sociales, nuisent toujours à ceux que le législateur voulait protéger. Pour avoir oublié que tout droit réel est par son essence et par son caractère avide de publicité, le préteur romain n'atteignit qu'imparfaitement le but qu'il s'était proposé. Plus heureux, le législateur moderne, éclairé par la pratique des siècles antérieurs, a pu, surtout avec les améliorations apportées en 1855, créer un ordre de choses assurant à tous crédit et sécurité !

DROIT INTERMÉDIAIRE.

L'hypothèque passa en Gaule après la conquête, mais avec les caractères distinctifs que les jurisconsultes romains lui avaient donnés, dont le principal était la clandestinité. Cet état de choses se maintint dans notre pays, même après l'invasion des Francs.

Nous devons toutefois constater qu'à partir de cette époque, l'hypothèque perdit beaucoup de son importance, et si elle ne tomba pas absolument en désuétude, du moins les actes constitutifs d'hypothèques devinrent de plus en plus rares. Deux causes nous expliqueront ce fait. — L'hypothèque est une institution à laquelle se rattachent des idées juridiques abstraites, et qui exige des connaissances trop profondes pour prendre faveur chez des peuples primitifs et barbares. Aussi, voyons-nous le gage immobilier et l'antichrèse préférés à l'hypothèque ; ces deux modes de crédit mettant le créancier immédiatement en rapport avec l'immeuble, sont les seules garanties qui puissent être aisément comprises par des esprits grossiers. L'hypothèque ne se maintint que dans les pays où la fusion des peuples barbares fut moins complète, où les éléments d'une civilisation policée se conservèrent plus longtemps, où le souvenir des lois romaines fut plus vivace. — La seconde cause ressort de l'étude même de l'état social qui suivit l'invasion des barbares. Il est facile de constater qu'à ces époques de troubles et de discordes, le pouvoir social se montra souvent impuissant à sauvegarder les intérêts des particuliers. Dans ces temps de violences où la force brutale était la seule raison, il était bien difficile à un créancier d'invoquer un simple titre écrit, si, déjà, la mise en possession du gage n'attestait plus ouvertement son droit.

Il ne fallut rien moins que les bouleversements du IXe et du Xe siècle, l'établissement de la féodalité, et la consolidation du pouvoir qui en résulta, pour rendre au crédit son utilité, et le vivifier en lui procurant une sanction efficace. Mais alors, il ne restait plus dans l'esprit des peuples qu'un souvenir lointain et vague de la loi romaine. Cet oubli fut heureux, en un certain sens. Car, dégagés de toute idée préconçue, libres de l'esprit d'imitation, les habitants des provinces du nord sentirent la nécessité de solennités extérieures qui vinssent frapper leurs sens, et de cérémonies publiques qui pussent fixer leur souvenir et engager efficacement leur parole. La clandestinité du régime romain ne pouvait leur convenir. Nous verrons la publicité, tant de l'hypothèque que de la propriété foncière, naitre de l'instinct de ces peuples et des besoins de l'époque, et devenir le droit commun.

PAYS DE NANTISSEMENT.

Au nombre des *coutumes de nantissement*, on doit citer les coutumes de Boulonnais, d'Amiens, de Péronne, de Vermandois, de Senlis, Saint-Quentin, Laon, Rheims, Chauny, d'Alsace, de la Flandre et des Pays-Bas environnant la Picardie, c'est-à-dire tous les pays qui composent le nord et le nord-est de la France. — D'autres pays adoptèrent, aussi, les principes du nantissement; c'est ce qu'attestent les statuts des villes de Cologne, d'Ulm et de Kiel, ceux de Pologne qui datent des années 1575 et 1588; c'est ce que nous enseignent encore les anciens usages de l'Ecosse et de l'Irlande, et les statuts donnés par la reine Anne aux comtés d'York et de Middlesex, en Angleterre.

La forme essentielle adoptée par ces pays, fut le *nantissement* ou *saisine*, c'est-à-dire l'inscription du nouveau titulaire sur des registres publics, tenus par des officiers préposés par le seigneur.

Les seigneurs avaient jadis la propriété pleine et entière de tous les biens, de tous les héritages compris dans leur territoire. Plus tard, ils *inféodèrent* ou *accensèrent* des parties de ce territoire à leurs vassaux. Toutefois le domaine direct restait dans leurs mains et le vassal ne pouvait nullement se dire, dans toute l'acception du mot, propriétaire de l'immeuble cédé. Il ne pouvait aliéner sans l'autorisation et l'intervention du seigneur. Les donations, les ventes, les constitutions d'hypothèque qu'il faisait, n'étaient, pour employer le langage juste et précis de Merlin (1) que des procurations *ad exhibendum*. Ce jurisconsulte assimile avec raison le vassal à un bénéficier incapable de transmettre directement sa prébende à qui bon lui semble, et qui la remet au collateur, qui seul, peut la conférer à la personne indiquée *par l'acte de résignation*. Ainsi, point d'acquisition de droit réel sans *nantissement*, sans cette formalité dont nous allons nous occuper; elle seule donne à l'acheteur, au donataire, au créancier hypothécaire un droit sur l'immeuble vendu, donné ou hypothéqué. — Elle se réduisait en une mise en possession, opérée, soit par les officiers du seigneur dont les biens étaient mouvants, soit par les juges royaux dont les bien relevaient. Dans ce dernier cas, elle prenait généralement le nom de *main-mise*, dans le premier, elle comprenait lés *Devoirs de loi*, qui nécessitaient deux formalités distinctes, une *saisine* ou *adhéritance*, une *dessaisine* ou *deshéritance*. Ces deux sortes de mise en possession avaient du reste le même but.

Le nantissement se pratiquait, avons-nous dit, surtout dans tout le nord de la France. Nous l'étudierons spécia-

---

(1) Merlin, Répertoire, V° Nantissement.

lement d'après les coutumes de Picardie et de Vermandois, dont les dispositions, en notre matière, se font remarquer par une précision peut-être plus grande que dans d'autres coutumes. — Le nantissement, nous disent-elles, est un acte judiciaire, par lequel le créancier est mis en possession d'une manière feinte des biens de son débiteur. Le créancier qui a négligé de satisfaire à cette formalité pour une dette qui est y sujette, n'a point d'hypothèque sur l'immeuble, et n'est colloqué dans un ordre que comme créancier chirographaire. Vainement l'obligation seraitelle passée par devant notaire, le droit est inefficace, n'ayant pu être porté en temps utile à la connaissance des tiers. Les créanciers nantis sont colloqués entre eux dans les sentences d'ordre suivant la priorité ou la postériorité de leur nantissement. Il en résulte, qu'un créancier qui le premier a rempli les formalités du nantissement, prime un créancier dont l'obligation est antérieure en date, mais qui s'est fait nantir postérieurement au premier nantissement. C'est bien là la théorie moderne.

Le seigneur percevait un droit sur chaque nantissement ; diverses coutumes lui reconnaissaient ce privilége. Son intérêt contribua donc à maintenir le principe de publicité. — Du reste, ce principe est d'une utilité si pratique ; il sauvegarde si efficacement les droits des créanciers, il favorise si activement le crédit, que les légistes n'eurent garde de le laisser disparaître. Du moment que toute hypothèque est soumise aux formalités du nantissement, que le prêteur n'a qu'à consulter un registre public, et peut ainsi connaître les charges qui grèvent déjà les biens du futur emprunteur, il peut contracter en parfaite connaissance de cause, et savoir si telle créance sera suffisamment garantie. — Voyons quelles sont les formalités du nantissement.

Lorsqu'un acte, portant obligation, avait été passé par devant notaires ou un notaire seul assisté de deux témoins, le créancier devait s'adresser au juge foncier du lieu où les biens hypothéqués étaient situés, et lui demander en présence de deux témoins de le nantir pour sûreté de sa créance sur les héritages hypothéqués. Les actes sous-seing privé ne pouvaient être nantis, à moins d'avoir été reconnus en justice. On voulait que les actes, en vertu desquels se passent les *devoirs de loi*, fussent authentiques (1). La demande emportait, pour le juge, obligation de ne plus recevoir d'autre nantissement postérieur qu'à la charge de la priorité acquise au premier créancier nanti. Elle engendrait un double résultat : une dessaisine et une saisine ; le débiteur était dessaisi ; le créancier saisi. — Cela fait, le juge donnait acte du nantissement sur la grosse de l'obligation qui lui était présentée, et le tout était enregistré sur les registres du nantissement (2). Il semble que, devant le juge, la présence des deux parties, l'une qu'on dessaisit, l'autre qu'on saisit, aurait dû être obligatoire. La loi romaine, qui s'occupe des *actiones legis* ou actes légitimes, dans la classe desquels doivent être assurément comptés les *devoirs de loi*, exigeait, en effet, la présence des deux parties et leur défendait même à l'une comme à l'autre de se faire représenter par procureur (3). Mais nous avons dit plus haut que les jurisconsultes de l'époque féodale s'étaient écartés de la loi romaine et qu'ils en avaient rejeté justement les subtilités. Aussi voyons-nous la plupart des coutumes permettre, en cette matière, la représentation (4).

Il résulte de la nature de ces *devoirs de loi* qu'ils devaient contenir une déclaration exacte de chaque partie

(1) Coutumes de Rheims, art, 180. — De Vermandois, art. 110. — De Chaulny, art. 8. — De Péronne, art. 259. — Loiseau, du déguerpissement, l. III, ch. I, n° 35.

(2) Coutumes d'Amiens, art. 137. — De Cambrésis, art. 11, tit. V.

(3) L. 123, D. de regulis juris. — Merlin, V° Devoirs de loi, § 2.

(4) Coutumes d'Amiens, art. 138. — De Vermandois, art. 127. — Chartes générales du Hainaut, ch. 103, art. 1.

d'héritage vendue ou hypothéquée, spécifier son étendue et ses limites. Nous devons voir dans ces formalités l'origine de la spécialité qui, avec la publicité, constitue la base de notre régime hypothécaire. Les coutumes qui les prescrivaient avaient compris qu'il ne pouvait y avoir de vraie publicité sans cette spécialité. En spécifiant, en effet, chaque immeuble, on évite les surprises, on donne à ceux qui contractent le moyen de connaître les facultés de leur débiteur, de savoir quels biens il a aliénés ou hypothéqués. A un autre point de vue, en éloignant le concours sur le même immeuble de créances nombreuses, on supprime les causes de conflit, et par là même on arrive à simplifier les ordres et à diminuer les frais.

Aux diverses formalités des *devoirs de loi* ci-dessus indiquées venait s'en adjoindre une dernière, aussi utile que les précédentes, et qui venait plus activement encore concourir à la publicité de l'hypothèque. Nous voulons parler de l'enregistrement au greffe.

Les coutumes sont unanimes (1) pour exiger que les *devoirs de loi* soient enregistrés au greffe des juges qui les ont reçus. A cet effet, il était tenu dans les greffes un registre où tous les nantissements étaient inscrits par ordre de date. Un arrêt du Parlement de Paris, rendu pour la coutume de Vermandois, le 29 novembre 1599, enjoignait aux juges de veiller à ce que ces registres fussent bien tenus. Il était défendu aux greffiers de laisser les actes en feuilles, et de se contenter de les mettre en liasse. Les registres devaient être cotés et paraphés par premier et dernier (2); les greffiers n'y devaient laisser aucun blanc Toutes ces dispositions leur étaient prescrites, sous peine de cinquante écus d'amende. Quelques jurisconsultes,

(1) Coutumes de Vermandois, art. 119, 120. — De Rheims, art. 175. — D'Amiens, art. 145, etc.

(2) Bailliage d'Amiens, Sentence du 12 février 1605.

poussant à l'extrême le désir d'assurer la publicité du nantissement, demandaient même que les greffiers, qui auraient négligé de signaler diverses hypothèques ou charges antérieures, fussent déclarés responsables envers les parties des conséquences de leur oubli (1). — Nous ne serions pas entré dans ces détails, si les registres modernes des conservateurs des hypothèques n'étaient pas la fidèle reproduction de ces registres au nantissement, et si nous n'avions pas voulu montrer combien les rédacteurs de notre Code ont largement puisé dans le régime hypothécaire des pays de *saisine*.

Cette procédure du nantissement était généralement suivie dans toutes les coutumes du nord de la France et de la Belgique (2). Il serait plus curieux qu'utile de relever les différences peu nombreuses, et d'ailleurs très légères, qui se remarquaient dans les diverses coutumes. Demandons-nous plutôt si ces formalités du nantissement s'appliquaient à toutes sortes de dettes, et si n'existaient pas déjà en germe les importantes exceptions que notre Code a admises au principe de la publicité, en faveur de quelques personnes ou de quelques dettes, qu'elle a cru devoir pivilégier.

Toutes les coutumes reconnaissent que certaines hypothèques doivent être dispensées du nantissement, par suite, soit de la qualité du titre de la créance, soit de la nature même de la dette.

Première exception. Qualité du titre.—Toute bonne loi doit assurer l'exécution des décisions judiciaires. L'ordonnance de Moulins (1566) reconnaissait ce principe lorsqu'elle proclamait que toute sentence emporterait hypothèque du

(1) Buridan, sur les coutumes de Rheims, art. 177. — Gougel, Tr. des hypothèques.

(2) Trente coutumes citées par Vendenhave. V° déshéritance et adhéritance.

jour de sa date. Cette doctrine était essentiellement contraire au principe de publicité qui régissait les pays de nantissement. De graves débats s'élevèrent à cette occasion. Les coutumes de ces pays admettaient bien que toute sentence emportait hypothèque sur les biens de la partie condamnée, mais elles exigeaient, comme pour les hypothèques conventionnelles, que cette hypothèque fût inscrite sur les registres au nantissement et rendue publique. En un mot, elles accordaient aux sentences une hypothèque indépendante de toute convention expresse, mais assujettie à la formalité du nantissement. — L'ordonnance de Moulins semblait devoir renverser cette théorie; aussi fut-elle vivement critiquée. Les jurisconsultes de Picardie cherchèrent même à l'éluder. D'après eux, l'ordonnance de Moulins donnait aux jugements la même force que le droit commun donne aux actes passés par devant notaires. Tels étaient les termes de l'ordonnance. Or, disaient-ils, puisque les coutumes de Picardie exigent qu'un acte passé par devant notaires soit suivi du nantissement pour assurer à l'hypothèque son rang et sa date, il faut, pour qu'elles produisent cet effet, que les sentences soient soumises aux formalités du nantissement. Le Parlement de Paris condamna cette opinion par un arrêt cité par Brodeau et rendu en forme de règlement, le 29 juillet 1633 pour le bailliage d'Amiens, et pour les sénéchaussées de Ponthieu et de Boulogne.

Reconnaissons que les jurisconsultes picards avaient pleinement raison de repousser les dispositions de l'ordonnance, si contraires au principe qui les régissait. Assurément il est bon qu'une sentence soit exécutée, et, il est du devoir de la loi d'assurer cette exécution. Mais, pour atteindre ce but, dispenser de toute publicité l'hypothèque qu'elle accorde, proclamer que cette hypothèque est censée publique, c'est exposer les tiers de bonne foi à prêter sur des immeubles dont ils n'ont pu connaitre les charges, et que l'emprunteur a dit être libres de toute hypothèque. — Nous croyons donc bien préférable l'usage qui régissait les pays de nantissement, avant que l'arrêt du parlement les eût assujettis aux dispositions de l'ordonnance de Moulins.

2ᵉ *Exception. — Nature de la dette.* — Dans les pays de nantissement, les priviléges étaient dispensés de tout nantissement. Les créanciers privilégiés étaient colloqués suivant les règles du droit romain. Mais nous n'avons à nous occuper ici que des hypothèques.

C'était une question très controversée que celle de savoir si l'hypothèque du pupille sur les biens du tuteur, et celle de la femme mariée sur ceux de son mari, pour sûreté de son douaire et de sa dot, étaient dispensées du nantissement. Plusieurs coutumes de la Flandre flamande, et celle de Vermandois, quelques arrêts du Parlement de Flandre, rendus pour la coutume de Tournay, les 12 mars 1695, 18 juillet 1696, et 27 octobre 1707, admettaient l'hypothèque légale du mineur sur les biens de son tuteur. Deux arrêts du Grand Conseil de Malines, relatifs à la coutume de Namur, décidaient affirmativement la question à l'endroit de la femme. — Mais d'autre part, la coutume de Lille, la coutume d'Artois et la jurisprudence du Conseil souverain de Brabant et du Conseil d'Artois, se refusaient à reconnaître l'existence de semblables hypothèques, et dans une déclaration royale du 12 juillet 1749, adressée au parlement de Flandre, relative à l'application de l'ordonnance sur les substitutions, du mois d'août 1747, on trouve ces paroles significatives : « Les officiers de notre Cour de Parlement de Flandre nous ont représenté que..... dans ces pays on ne connaît pas d'hypothèque légale ou tacite, et qu'on ne peut en acquérir aucune, que par les voies et les formes qui y sont requises. »

Une troisième exception existait à l'égard des offices. L'édit de février 1683, dérogeant à toute coutume contraire, décidait que les prix provenant de la vente des offices seraient distribués par ordre d'hypothèque, sans aucune distinction. La raison de cette disposition, c'est que les offices n'étaient ni vénaux, ni héréditaires à l'époque où furent promulgués les règlements sur les criées et sur les subhastations. Il était donc impossible de prendre sur eux un nantissement.

Les règles suivies dans les pays de nantissement, quand un concours s'établissait entre créanciers, sont d'une simplicité extrême. — Le créancier nanti était colloqué suivant la date de son nantissement. Le créancier privilégié, suivant la nature de son hypothèque privilégiée. — Quant aux créanciers non nantis, ils venaient en concurrence entre eux et avec les créanciers chirographaires. Ils partageaient ce qui restait des biens du débiteur au marc le franc, ou pour employer l'expression de l'époque, *au sol la livre.*

Des différences légères existaient entre les diverses coutumes des pays de nantissement. Mais la coutume d'Artois et des pays avoisinants se faisait remarquer par des dispositions assez particulières pour que nous croyons utile de l'analyser. — Trois voies étaient ouvertes au créancier pour acquérir hypothèque. La première était la *mise de fait,* accomplie par un sergent, commis par le juge. Cette mise de fait devait être suivie d'une *tenue de droit,* c'est-à-dire d'une sentence confirmant la mise de fait. — La seconde voie était le *rapport d'héritage*, consistant en une espèce de *devest* entre les mains du seigneur dont l'héritage était tenu en *fief* ou en *censives.* — La troisième était la *main assise* du comte d'Artois ou d'une autre justice souveraine ou supérieure, après avoir appelé la partie intéressée et le seigneur dont l'héritage était tenu (1).

---

(1) D'Héricourt, Décret d'immeubles, 1re partie, sect. III. — Merlin, Vt œuvres de loi.

Ces trois voies, avons-nous dit, n'avaient pour but que d'établir le droit d'hypothèque. Et en effet, les formalités que nous venons d'examiner et qu'on désignait sous le nom collectif d'*œuvres de loi*, étaient exclusivement connues des parties contractantes, du créancier, du débiteur et du seigneur. Elles ne procuraient à l'hypothèque aucune publicité. — Or, les jurisconsultes de la province d'Artois (1), avaient eux aussi trop bien compris l'utilité de cette publicité pour se contenter des dispositions précitées et laisser leur œuvre incomplète. Il restait à donner aux *œuvres de loi* un caractère durable et public qui en perpétuât le souvenir.

A cet effet, la coutume d'Artois exigeait que dans toute justice seigneuriale fût tenu un registre public des *rapports d'héritage*, de sorte que ceux qui voulaient contracter pouvaient connaître l'état des immeubles de son futur débiteur, et les affectations et hypothèques préexistantes. Pour donner à cette disposition une sanction efficace, elle dépouilla de tout effet l'hypothèque consentie quand le *rapport d'héritage* n'avait pas été inscrit. — On fut même plus loin. Toutes sortes d'hypothèques, même celles de la femme mariée et du mineur, furent soumises à cette publicité. En cela la coutume d'Artois est des plus remarquables. Ses dispositions s'étendaient même à l'hypothèque judiciaire, malgré l'ordonnance de Moulins (2). Ce dernier point peut sembler singulier, alors que nous venons de voir le Parlement vaincre la résistance des jurisconsultes picards en cette matière, et les assujettir aux dispositions de l'ordonnance. Cette singularité s'explique historiquement. Quand parut l'ordonnance de Moulins, en 1566, l'Artois était sous la domination de la maison d'Autriche. L'ordonnance ne put être enregistrée, ni par con-

(1) Maillart, Comm. sur la cout. d'Artois. — Brunel, Observ. sur le droit Coutumier.

(2) Art. 74 des Nouvelles coutumes d'Artois. — Art. 48 des Anciennes.

séquent obliger les habitants de cette province. Plus tard, lors de la réunion de l'Artois à la Couronne, le pouvoir royal ne crut pas devoir la faire exécuter, tant le principe de publicité avait fait des progrès dans les esprits.

PAYS DE DROIT ÉCRIT.

Un rapide aperçu du régime hypothécaire dans le reste de la France, permettra de mieux apprécier les avantages du systême adopté en *pays de nantissement*. Dans les provinces de droit écrit, on se bornait à assurer la date des créances emportant hypothèque, en obligeant les parties à en passer les titres par devant notaires, en en n'accordant d'hypothèque pour les actes sous seing privé que lorsqu'ils étaient reconnus en justice. Pour emporter hypothèque, l'acte devait être passé chez le notaire dans le ressort où il lui était permis d'instrumenter. Il n'y avait d'exception que pour les notaires des Chatelets de Paris et d'Orléans et de la ville de Montpellier, privilége qui leur avait été confirmé par plusieurs de nos rois (1). — Ce que nous disons des notaires royaux, doit s'entendre également des notaires seigneuriaux; ils ne pouvaient recevoir d'actes que dans l'étendue de la justice pour laquelle ils avaient été pourvus de leur office.

Assurément, cette intervention des notaires donnait à l'acte un caractère d'authenticité que n'a pas un acte passé sous signature privée; mais elle ne mettait nullement le public à même de connaître l'existence des hypothèques préexistantes. Elle concourait à l'authenticité, non à la publicité de l'acte. Le secret absolu de l'hypothèque ouvrait une large voie au stellionat; quiconque prêtait des capitaux, se trouvait sans cesse menacé de

---

(1) Ordonn. de 1302, Philippe-le-Bel. — Lettres patentes du roi Louis XII, avril 1510.

voir surgir une hypothèque antérieure et primant la sienne ; quiconque achetait des terres, se trouvait sous le coup d'une éviction toujours possible. De là, des cautions personnelles, des prix excessifs, des intérêts usuraires, des aggravations de toute nature dans les conditions des ventes et des emprunts.

Vainement cherchait-on par des *décrets forcés* ou des *décrets volontaires* à porter remède au mal. Les graves exigences des procédures de *décrets* si longues et si coûteuses ne servaient qu'à mieux faire comprendre les vices du système romain et la nécessité d'assurer par toute la France la publicité des droits réels.

La première tentative date de l'année 1581. Un édit de Henri III ordonnait que tout contrat contenant vente, transport, obligation de plus de 50 écus, fût contrôlé et enregistré sur un registre spécial; faute de quoi, on n'acquerrait aucun droit de propriété ni d'hypothèque sur l'héritage. Mais comme cet édit créait des offices de contrôleur de titres, ceux qui étaient intéressés à son abolition, affectèrent de n'y voir qu'une mesure fiscale et le firent révoquer par un autre édit du mois de mars 1588. — Sully à son tour émit le vœu (1) que nul emprunt ne pût se faire sans qu'il fût déclaré quelles dettes pouvait avoir déjà l'emprunteur, et quels biens étaient déjà hypothéqués ; l'édit de juin 1606, consacrait ce principe. Mais il eut le même sort que l'édit de 1581. Le parlement de Paris fut seul à l'enregistrer.

Enfin, Colbert voulut lui aussi user de sa grande influence pour faire triompher le principe de publicité consacré depuis des siècles et toujours religieusement maintenu dans les pays de nantissement. Un édit de mars 1673, généralisait le régime de ces pays. Cet édit a une trop grande importance dans la matière, pour que nous n'en

(1) Sully, Mémoires, liv. 26.

fassions pas l'analyse. Il est vrai qu'il fut révoqué peu après sa publication (1674), mais nous en dirons les motifs. Le jurisconsulte d'Héricourt (1) prétend même que cet édit fut simplement suspendu dans son exécution, et il en nie formellement la révocation. Son opinion est peut-être inadmissible ; mais ses efforts à faire revivre l'édit nous sont une preuve de son excellence.

Cet édit reconnaissait les longueurs excessives des formalités du décret, les frais ruineux qu'elles entrainent et le peu de sûreté qu'elles donnent à l'acquéreur. Il se proposait de remédier à ces inconvénients. Dans ce but, il statuait que tout titre de créance, soit acte passé par devant notaires, soit jugement emportant hypothèque, serait enregistré au greffe des hypothèques des baillages ou sénéchaussées, dans lesquels les biens étaient situés ; il donnait à ceux qui auraient satisfait à cette formalité la préférence sur tout autre créancier hypothécaire. Ceux qui devenaient propriétaires d'un immeuble à titre particulier, devaient faire signifier leur opposition à ceux dont les titres de créances avaient été enregistrés avant l'acquisition. — Les greffiers-conservateurs d'hypothèques étaient tenus de délivrer des extraits de leurs registres à tout requérant, et demeuraient garants des dommages-intérêts dans le cas d'inexactitude de leurs extraits.

Sous l'empire d'une telle loi, les dispositions des coutumes de nantissement devenaient inutiles ; aussi étaient-elles abrogées par l'art. 71 de cet édit. Les jurisconsultes des pays de nantissement ne se plaignirent nullement de cette abrogation qui ne changeait rien à leur régime, qui même l'améliorait. Les parlements l'enregistrèrent sans difficulté.

Cet édit de 1673, qui s'annonçait comme *perpétuel et irrévocable*, n'eut qu'une existence d'une année à peine.

---

(1) D'Héricourt, Décret d'immeubles.

— L'édit d'avril 1674 qui est venu l'abroger, commence par en faire l'éloge : *Bien que nos sujets pussent recevoir de très considérables avantages de l'établissement dans chaque bailliage et sénéchaussée des greffes d'enregistrement, toutefois comme les plus utiles règlements ont dans leurs premiers établissements des difficultés et que ces difficultés ne peuvent être surmontées dans un temps où nous sommes obligés de donner notre occupation aux affaires de la guerre*, l'édit de 1673 est révoqué. Ainsi, nous ne devons pas tirer de cette révocation une conséquence fâcheuse pour le principe de la publicité. Colbert, parlant au nom de Louis XIV, en reconnait les bons effets et les proclame bien haut, et, la plupart des jurisconsultes de son époque partagent son opinion. Et même, comme ils n'ont pas la responsabilité du législateur, ils vont bien plus loin dans leurs vœux que le ministre dans ses décrets (1). Ils voudraient qu'on étendît l'importance du conservateur des hypothèques, et qu'aucune espèce d'hypothèque ne fût exemptée de l'enregistrement, ni celle des femmes mariées pour leurs conventions matrimoniales, ni celle des mineurs sur les biens de leurs tuteurs. Les femmes seraient autorisées par leur contrat de mariage à faire leur opposition au greffe des hypothèques, et le subrogé-tuteur serait tenu de faire faire cet enregistrement sur les biens du tuteur. — Toute hypothèque ne devrait avoir de date que du jour de l'enregistrement, et tout privilége devrait être inscrit dans les trois mois de sa date, sous peine d'être éteint de plein droit, et de devenir simple hypothèque à partir du jour de son enregistrement. — Un pareil régime serait la proclamation et la consécration pleine et parfaite d'une vraie publicité.

Toutefois, un jurisconsulte dont le nom et l'autorité

---

(1) De Fourcroy, Observations sur l'édit de mars 1673.

imposent le respect, le chancelier d'Aguesseau (1), nie que ce soient les circonstances de la guerre et les difficultés inhérentes à toute nouveauté, qui aient fait abroger l'édit de 1673. Il voit la raison de cette révocation dans les dangers mêmes de la publicité. — D'après cet auteur, « il n'est rien de plus contraire au bien et à l'avan-
» tage des familles que de faire trop connaître l'état et la
» situation de la fortune des particuliers. Dans un pays,
» comme la France, où l'opinion a établi le siége de son
» empire, on ne vit et on ne subsiste que par l'opinion.
» Et, c'est ôter aux hommes leurs dernières richesses que
» de leur arracher cette réputation qui leur tient souvent
» lieu de biens, lors même, qu'ils ont tout perdu. » Ces raisons sont évidemment insuffisantes pour détruire un principe qui avait poussé de si profondes racines dans les pays de nantissement. S'il faut éviter de révéler imprudemment l'état de fortune d'un particulier, pauvre mais intelligent, il est injuste et dangereux de laisser des créanciers exposés à la mauvaise foi et à la surprise de leur débiteur. D'Aguesseau, nous le regrettons, n'a pas compris que son opinion ouvre la porte toute grande à la fraude et favorise les mauvais instincts. Et même, si l'on veut aller au fond des choses, on reconnaîtra que c'est à ces mauvais instincts que l'on doit la révocation de l'édit. Quels furent ses adversaires les plus acharnés? Précisément ces nobles éhontés qui vivaient dans le luxe à la Cour, au détriment de leurs créanciers, et que la publicité de l'hypothèque aurait empêchés de faire des dupes.

Colbert invoque même un second motif, pour expliquer l'insuccès de son œuvre. Il l'a consigné en ces termes, dans son testament politique (2) : « Le parlement n'eut garde de souffrir un si bel établissement qui eût coupé la tête à l'hydre des procès, dont il tire toute sa substance. »

---

(1) Projet d'établissement de conservateurs d'hypothèques.

(2) Testament politique de Colbert, ch. 12.

Ces deux motifs, mais surtout le premier, nous expliquent pourquoi fut si longtemps retardée l'admission dans nos lois du principe de publicité. Il n'a fallu rien moins que la forte main de la Révolution pour en assurer le triomphe.

Toutefois, quelques années avant la révolution, le régime hypothécaire subit une réforme, que nous devons étudier. Au mois de juin 1771, parut un édit qui se proposait de faire revivre le projet de Colbert, en lui donnant une forme nouvelle qui pût en rendre l'exécution plus facile. Il abrogeait la voie du décret volontaire, dont les frais étaient ruineux et les retards excessifs ; il lui substituait la voie plus simple des *lettres de ratification*, qui consistait en un dépôt de l'acte translatif de propriété au greffe du bailliage ou de la sénéchaussée. Le greffier exposait dans l'auditoire un extrait de l'acte, et dans les deux mois qui suivaient, tout créancier du vendeur devait former opposition entre les mains du conservateur des hypothèques, même les femmes mariées, et les tuteurs, au nom de leurs pupilles. — A l'expiration des deux mois, des lettres de ratification devaient être présentées au sceau par le conservateur des hypothèques, qui déclarait, sur le repli, qu'il n'existait pas d'opposition, ou qui mentionnait les oppositions existantes. Dans le premier cas, les lettres de ratification étaient scellées purement, dans le second, elles n'étaient scellées qu'à la charge des oppositions, et un ordre s'ouvrait qui fixait le rang et distribuait le prix entre les créanciers. — Ces lettres de ratification avaient pour effet de purger les hypothèques.

Cette courte analyse suffit pour nous montrer combien l'édit de 1771 était défavorable aux créanciers. Si l'acheteur était parfaitement mis à l'abri par cette procédure de purge, il n'en était nullement de même des créanciers ; et cela devait être tant que les l'hypothèques seraient occultes. — Le droit de préférence entre les créanciers restait déterminé non par la date des oppositions, mais par celle de l'acte constitutif de l'hypothèque. Les divers créanciers ne se connaissaient donc, sous le régime de cet édit, que lorsqu'il était question de venir à l'ordre. Lors du contrat, ils ne pouvaient se faire aucune idée de la position d'un propriétaire et des garanties que leur offrait sa fortune immobilière. Il arrivait souvent qu'au moment du contrat, tandis que le prêteur comptait sur l'hypothèque qu'on lui conférait, le bien était déjà grevé d'hypothèques occultes qui en absorbaient la valeur. Dans ce cas, il suffisait que des oppositions fussent formées par les créanciers hypothécaires avant le sceau des lettres de ratification, pour que le prêteur vît s'évanouir toutes ses sûretés.

Le principe de la clandestinité, prôné par d'Aguesseau, était rétabli dans toute sa rigueur, même dans les *pays de nantissement*, en vue desquels l'art. 35 de l'édit abrogeait l'usage des saisines et nantissements. — Mais les jurisconsultes de ces pays, qui avaient accepté sans murmure l'art. 71 de l'édit de 1673, élevèrent des réclamations unanimes contre l'édit de 1771. Et cela se conçoit. Le premier édit proclamait le principe de publicité dont ils connaissaient toute l'utilité et les bienfaits. Le second y contrevenait. Le Parlement de Flandre, le Conseil d'Artois, refusèrent de l'enregistrer, et l'autorité royale mieux éclairée, dut condescendre à ces justes remontrances et dispenser les pays de nantissement de l'observation du présent édit. — Jamais le principe de publicité n'avait reçu une plus éclatante consécration.

Nous arrivons enfin à la période révolutionnaire.

On comprend que la réforme du système hypothécaire ne pouvait être l'œuvre des premiers jours. Absorbée par des soins plus graves, l'Assemblée Constituante se contenta, par des dispositions transitoires (1) et conformes à

(1) Décret du 6 et 7 sept. 1790, supprimant les anciens offices et tribunaux. — Décret des 17, 19 et 20 sept. 1790, abolissant les formali-

l'esprit général qui la guidait, d'abolir toutes les formalités qui tenaient au régime ancien. Il fut décrété que la transcription des grosses des contrats d'aliénation ou d'hypothèque par les greffiers des tribunaux de district tiendrait lieu de ces formalités. — Mais arrivons à la loi du 9 messidor, an 3, adoptée par la Convention, œuvre trop importante pour ne pas mériter une courte analyse.

Cette loi donnait absolument pour base au nouveau régime hypothécaire le principe de la publicité. « Il n'y a d'hypothèques, disait l'art. 3, que celles résultant d'actes authentiques, inscrits dans des registres publics, ouverts à tous les citoyens. » Et comme conséquence du principe, elle n'admettait que les hypothèques conventionnelles et judiciaires. Plus d'hypothèques légales, plus d'hypothèques tacites. — En outre, ralliés à l'idée de Pothier qui voulait que tout débiteur fût fait *bon payeur par tous moyens*, les législateurs de la Convention nationale décidaient que toute obligation résultant soit d'un acte public, soit d'un jugement, conférerait *de plein droit* hypothèque et sans qu'il fût besoin de stipulation expresse. Pour valoir, l'hypothèque était simplement soumise à l'inscription. Une fois inscrite, elle s'étendait sur tous les biens, biens présents et futurs, que le débiteur possédait ou posséderait dans l'arrondissement du bureau des hypothèques, où l'inscription avait eu lieu. — Remarquons toutefois une exception au principe : l'art. 22 disposait que si l'acte de créance était inscrit dans le mois de sa date, l'hypothèque qui en résultait, prenait rang du jour même de l'acte et non du jour de l'inscription. Cette exception avait semblé nécessitée par les besoins de la pratique.

Tout titre de créance pouvait être inscrit dans l'arrondissement que le créancier jugeait le plus convenable,

---

tés de saisine, dessaisine, vest, devest, mise de fait. main assise. — Décret des 27 janv., 4 fév. 1791. — Décret des 13, 20 avril 1791.

fût-ce même dans un arrondissement où le débiteur n'aurait pas eu de propriétés foncières. Il résultait de ce mode de procéder que la valeur des biens, acquis postérieurement à l'inscription, pouvait s'élever à un taux bien supérieur à celui de la créance, dont ces biens formaient la garantie. Le débiteur avait dans ce cas le droit de faire restreindre l'inscription, et même rayer, aux dépens des créanciers, l'inscription de l'hypothèque qui aurait été faite dans un autre arrondissement que celui de la situation des biens.

Toutes ces dispositions concouraient efficacement à la publicité de l'hypothèque. Quant au principe de la spécialité, il semble que les législateurs de l'an 3 en aient méconnu l'importance. Toutefois dans le § 7 (ch. I, titre I), nous trouvons certaines dispositions qui ont évidemment pour but de corriger les effets de la généralité des hypothèques. Mais le remède était pire que le mal, puisqu'il imposait au débiteur le devoir trop rigoureux de déposer séparément pour chaque commune la déclaration foncière des biens situés dans l'arrondissement du bureau où l'inscription avait été opérée, et de la faire consigner sur le *livre de raison* des hypothèques. Faute par le débiteur de justifier de cette consignation dans le mois de la sommation qui lui en était faite par le créancier, la dette devenait de plein droit exigible.

Cette loi de messidor an 3 introduisait en outre pour le propriétaire foncier un droit nouveau, celui de prendre hypothèque sur lui-même ; le conservateur pouvait sous sa responsabilité délivrer au propriétaire une *cédule* hypothécaire, garantie par la valeur de la terre. Cette cédule était transmissible par voie d'endossement à ordre et elle formait un titre exécutoire contre le propriétaire qui l'avait souscrite, au profit de l'individu à l'ordre duquel elle était passée. Nous n'entrerons pas plus avant dans les détails de ce mode de procéder qui eut le sort de la loi elle-même, et ne reçut jamais son exécution. — Prorogée cinq fois par cinq décrets successifs, la loi de l'an 3 fut même par la loi du 28 vendémiaire an 5, prorogée indéfiniment.

Enfin parut la loi du 11 brumaire an 7, qui eut sur la loi de messidor an 3 le mérite de recevoir son exécution. Elle complétait cette dernière en faisant reposer le régime hypothécaire sur la double base de la publicité et de la spécialité. L'hypothèque devait être inscrite et frapper spécialement des immeubles déterminés; elle ne s'étendait par suite que sur les biens présents du débiteur. Ce qui distinguait surtout la loi de l'an 7 de la loi de l'an 3, c'est qu'elle reconnaissait des hypothèques légales, indépendantes de toute convention, sujettes, il est vrai, à l'inscription, mais frappant les biens présents et futurs du débiteur, sans qu'il fût besoin de les spécifier.

Tels étaient les divers systèmes entre lesquels les Rédacteurs du Code Napoléon avaient à faire un choix. Chaque système avait ses partisans (1). Le Conseil d'Etat admit un moyen terme; il émit le vœu que l'hypothèque fût publique et spéciale; mais que l'hypothèque des femmes mariées et des mineurs fût dispensée de l'inscription et fût générale (2).

Le 24 ventôse an 12, le projet définitif fut porté au Corps législatif par M. Treilhard qui en exposa les motifs. Le lendemain, communiqué au Tribunat par l'organe de M. Grenier, il y fut adopté; et enfin, le 28 ventôse, il fut décrété au Corps législatif à une immense majorité, et promulgué le 8 germinal.

---

(1) Conseil d'Etat, séance du 12 pluviôse an XII. Rapport de M. Bigot-Préameneu, en faveur de l'ancien droit. — Rapport de M. Réal, en faveur de la loi de brumaire.

(2) Rapport de M. Treilhard, 3 ventôse an XII.

Nous avons terminé ici l'historique des deux principes de la publicité et de la spécialité, bases de notre régime hypothécaire. Nous avons essayé de suivre à travers l'histoire du droit les efforts tentés par les jurisconsultes pour en assurer le triomphe définitif. — Il nous reste à étudier dans notre droit actuel les dispositions qui en assurent l'exécution, en tenant compte, bien entendu, des diverses réformes que ces deux principes ont subies.

DROIT FRANÇAIS

De l'Inscription Hypothécaire

L'hypothèque légale, judiciaire, ou conventionnelle n'a de rang que du jour de l'inscription prise par le créancier sur les registres du conservateur (art. 2134, C. N.) La règle est formelle ; le principe de publicité est la base du régime hypothécaire actuel. La loi n'admet d'exception qu'en faveur de l'hypothèque légale du mineur, de l'interdit, et de la femme mariée (art. 2135 C. N.) Les mêmes raisons qui ont fait créer de plein droit une hypothèque en faveur de la femme, du mineur et de l'interdit, devaient faire donner à cette hypothèque son existence assurée, son efficacité, indépendamment de toute formalité extérieure. Celui, dont la loi prend en quelque sorte la tutelle, et pour lequel elle stipule une sûreté que son état d'incapacité ou de subordination ne lui permet pas de stipuler par lui-même, ne peut pas avoir la capacité ou l'indépendance nécessaire pour prendre les mesures qui dans le droit commun conservent l'hypothèque et lui donnent son efficacité.

Mais sauf ces deux exceptions, la règle est générale. Toute hypothèque doit être rendue publique dans la forme et de la manière prescrite par la loi. Ce sont les formalités constitutives de l'inscription hypothécaire que nous nous proposons d'étudier. Pour mettre de l'ordre dans cette vaste matière, nous diviserons notre sujet en sept chapitres. Dans un premier chapitre, nous indiquerons la nature et les effets de l'inscription. Le chapitre II sera consacré à fixer le lieu et les délais dans lesquels l'inscription doit être faite ; le chapitre III, à déterminer les personnes qui ont qualité pour requérir l'inscription. Dans le chapitre IV, nous étudierons les formalités qui doivent être remplies par le créancier pour requérir l'inscription, et dans le chapitre V, les énonciations que cette inscription doit contenir. Le chapitre VI traitera du renouvellement de l'inscription. Enfin, dans le chapitre VII et dernier, nous nous demanderons si les formalités précédemment étudiées sont pleinement suffisantes pour assurer la parfaite publicité du droit hypothécaire, et si quelques réformes ne seraient pas désirables.

CHAPITRE I.

De l'inscription et de son effet.

L'inscription est, d'après la loi moderne, l'instrument de la publicité. Elle a pour but de porter à la connaissance des tiers le droit réel qui grève un immeuble. — Assurément l'existence de l'hypothèque est complètement indépendante de cette formalité ; le débiteur ne pourrait dans aucun cas, invoquer l'absence d'inscription. Quand même celle-ci serait, pour quelques vices de formes, déclarée nulle, quand même le créancier l'aurait laissé périmer, le titre d'hypothèque n'en conserverait pas moins sa valeur, et pourrait servir de fondement à une nouvelle inscription. — Mais à l'égard des tiers, l'inscription est seule capable de donner à l'hypothèque son efficacité : seule elle fixe le rang entre les créanciers.

Ce point a besoin d'être établi, si l'on suppose qu'un créancier hypothécaire non inscrit se trouve en concours avec de simples créanciers chirographaires. Devra-t-on admettre en sa faveur un droit de préférence ou prononcer l'inefficacité de son hypothèque ? — La première solution amènerait à reconnaître quatre ordres de créanciers, les créanciers privilégiés, les créanciers hypothécaires inscrits, les créanciers hypothécaires non inscrits et les créanciers chirographaires. Les partisans de ce système prétendaient que l'hypothèque étant indépendante de l'inscription sous le rapport de son existence, ne devait point rester sans un avantage marqué à l'égard des chirographaires. Que le créancier non inscrit, disaient-ils, soit primé par les créanciers inscrits, rien de plus juste et de moins contesté. Mais l'existence de l'hypothèque doit faire écarter tout créancier qui n'est pas hypothécaire. Un second argument invoqué par ces auteurs était le suivant : le débiteur ne peut pas invoquer le défaut d'inscription ; ses créanciers chirographaires n'étant que ses ayants-cause, ne peuvent avoir un droit plus étendu que le sien. Ces arguments sont plus spécieux que profonds. Ce système a été rejeté, et justement, par la Cour de cassation. Deux de ses arrêts (1) ont consacré le principe contraire. Il est bon d'indiquer les motifs qui l'ont fait prévaloir.

Les biens du débiteur sont le gage de ses créanciers. Ceux-ci seront payés sur le prix au prorata de leur créance, sauf les causes légitimes qui feront préférer tel créancier à tel autre (art. 2093 et 2094 C. N.) Ces causes

(1) 19 déc. 1809. — 11 juin 1817, C. Cass.

légitimes sont les priviléges et les hypothèques. — Mais l'art. 2106 et l'art. 2134 viennent restreindre ce principe. Le premier établit que les priviléges ne produisent d'effet à l'égard des tiers qu'autant qu'ils sont rendus publics par l'inscription. Le second, bien que différent dans ses termes, n'est pas moins explicite, si l'on veut bien comprendre le sens de ces expressions : « Entre les créanciers, l'hypothèque *n'a de rang que* du jour de l'inscription prise par le créancier. » Une hypothèque qui n'a pas de rang est assurément une hypothèque de nul effet. Il est certain que ce dernier article, comme l'art. 2106, a voulu subordonner l'efficacité de l'hypothèque et du privilége à leur publicité. — Voici comment les rédacteurs du titre des hypothèques exprimaient leur pensée à ce sujet : « L'hypothèque con-
» ventionnelle doit être nécessairement rendue publique
» par l'inscription. .... Elle doit être suivie d'inscription
» pour produire son effet. L'hypothèque judiciaire doit
» aussi acquérir la publicité par l'inscription. » — Ce langage ne peut laisser aucun doute sur le rôle de l'inscription. Il en résulte que, dans les cas de non inscription ou d'inscription nulle ou périmée, l'on rentre, à l'égard des créanciers hypothécaires ou privilégiés, dans le droit commun des art. 2092 et 2093. — Cette conséquence se trouve appuyée par le texte même de l'art. 2135 qui reconnaît l'existence des hypothèques légales de la femme mariée, de l'interdit et du mineur, *indépendamment de toute inscription*. Si la loi a cru nécessaire de s'exprimer ainsi, c'est qu'en règle générale, l'hypothèque n'existe que par l'inscription (1).

Nous tirerons de ce principe deux conséquences. 1° La connaissance que peut avoir un créancier, au moment où il traite avec son débiteur, d'une hypothèque acquise antérieurement à la sienne par un autre créancier, ne suffit

---

(1) Grenier, t. I, n° 60. — Troplong, t. II, n° 568. — P. Pont, n°s 729 et suiv. — Merlin, Rép. V° Inscr. hyp., § 2.

pas pour le faire primer par ce dernier. L'art. 2131 permet formellement à un créancier diligent, mettant à profit le retard d'un autre créancier, d'acquérir un droit que celui-ci a négligé d'acquérir. C'est par l'inscription, et par l'inscription seule que l'hypothèque doit se révéler à la connaissance des tiers. Elle ne peut leur être opposée que si elle a été inscrite sur les registres du conservateur, conformément aux dispositions de l'art. 2148 (1). — 2° Le créancier premier inscrit doit primer un créancier dont le titre hypothécaire, antérieur au sien, n'a été inscrit que postérieurement, alors même que dans l'acte qui a conféré l'hypothèque au second créancier, le débiteur commun aurait déclaré l'existence de la première hypothèque. L'hypothèque n'a d'efficacité que si elle a été connue des tiers par la voie légale, qui est l'inscription. Une connaissance extra-judiciaire, une circonstance particulière ne supplée pas au mode de publicité admis par notre code (2).

Un pareil régime simplifie singulièrement la question des concours d'hypothèques, qui a fait l'objet de notre Thèse romaine. Toutefois, même dans notre droit, un point mérite notre attention. Comment se réglera le concours d'hypothèques générales, hypothèques qui affectent à la fois les biens présents et à venir? — Il est d'abord hors de doute qu'à l'égard des biens présents les règles précédemment exposées s'appliquent pleinement. Mais, sur les biens acquis postérieurement, les créanciers viendront-ils par concurrence d'hypothèque ou suivant l'ordre des dates de leurs contrats? La réponse à cette question nécessite une distinction. La généralité des auteurs et une jurisprudence constante reconnaissent d'abord qu'il en est des biens à venir atteints par les hypothèques judiciaires et légales,

(1) P. Pont. n° 728. — Dalloz, Rép. V° Priv. et hyp., n° 1371. — Contrà. Req. Rej., 7 déc. 1831.

(2) Bruxelles, 6 juin 1809. — Tropl., Priv. et hyp., t. II, § 869.

comme des biens présents du débiteur. Ils sont frappés du jour même où l'hypothèque a été inscrite. Sans doute, le gage du créancier inscrit ne peut s'accroître des biens acquis postérieurement qu'à mesure des acquisitions ; mais, au moment où ces acquisitions sont faites, l'hypothèque s'en saisit et s'y attache rétroactivement au jour où elle a été prise. D'où il résulte que le créancier n'a nul besoin de renouveler l'inscription au fur et à mesure des acquisitions (1).

A l'égard des hypothèques conventionnelles, la réponse est toute différente. Le droit hypothécaire ne peut s'exercer sur les biens advenus au débiteur qu'au moyen d'une inscription spéciale prise sur chacun de ces biens. L'article 2148, qui exige sur le bordereau d'inscription la désignation de l'espèce et de la situation des immeubles, ne fait d'exception qu'en faveur des hypothèques légales et judiciaires. Si donc le bordereau d'une hypothèque conventionnelle doit contenir cette double mention, il en résulte bien que l'inscription ne peut pas précéder l'acquisition. La loi ne dispense le créancier que de l'obligation de recourir à une nouvelle convention pour obtenir une hypothèque sur les biens à venir (2).

La solution qui précède se justifie aisément ; elle résulte des nouveaux principes qui régissent la matière. La loi, en faisant de la spécialité une des bases de l'hypothèque conventionnelle, devait forcément proscrire l'hypothèque des biens à venir. Si, dans un motif d'équité et pour venir en aide au crédit d'un débiteur, elle a, dans l'art. 2130, modifié son principe, elle n'a fait cette concession qu'avec

---

(1) Cass., 3 août 1819. — Rouen, 22 mai 1818. — Metz, 25 av. 1823. — Lyon, 18 fév. 1820. — Paris, 23 fév. 1835. — Caen, 18 juin 1835. — Caen, 8 avril 1836. — Grenier, t. I, n° 52. — Battur, t. II, n° 370. — Persil. — Zachariæ, t. II, p. 165. — Troplong. — Contrà, Tarrible.

(2) Cass., 27 avril 1840. — Paris, 24 avr. 1835. — 20 juillet 1836. — 20 juin 1840. — Poitiers, 25 fév. 1844. — Grenoble, 17 fév. 1847.

répugnance; de là, toutes ces restrictions qu'elle apporte à la faculté en question, et qu'il serait hors de notre sujet de discuter.

CHAPITRE II.

Lieu et délai dans lesquels doit être faite l'inscription.

Avant d'examiner les divers éléments dont se composera l'inscription, pour que la manifestation de l'hypothèque soit complète, il est utile d'indiquer tout d'abord dans quel lieu et dans quel délai elle doit être faite Nous suivrons, d'ailleurs, la marche du Code lui-même, en nous occupant tout d'abord de ces deux points.

SECTION PREMIÈRE.

Dans quel lieu doit être faite l'inscription?

L'inscription ayant pour but d'éclairer les tiers sur le crédit hypothécaire du propriétaire foncier, le sens intime dit que, pour concourir efficacement à la publicité de l'hypothèque, l'inscription doit précisément se produire à l'endroit même où le débiteur a ses propriétés. Ce principe, que nous avons vu appliquer dans la législation grecque (*usage des* ὅροι) et dans la législation de nos pays de saisine, se trouve proclamé par les rédacteurs de notre Code dans l'art. 2146. Toutefois, s'il est utile, pour une vraie publicité, que l'inscription se produise au lieu même où le débiteur a ses immeubles, il a été reconnu qu'il y aurait dans la pratique impossibilité de multiplier à l'infini les circonscriptions hypothécaires et les diviser autant que la propriété elle-même. Le législateur moderne a compris que l'harmonie devait régner entre le territoire administratif et le territoire judiciaire, et il s'est décidé à observer, pour les circonscriptions territoriales des conservations d'hypothèques, la même division que pour les tribunaux de première instance. Une seule exception existe à l'égard du département de la Seine, où pour un seul arrondissement judiciaire, il y a trois bureaux d'hypothèques, jadis établis à Paris, à Saint-Denis et à Sceaux, aujourd'hui tous les trois à Paris même.

Les dispositions de l'art. 2146 ont été vivement critiquées. Certains jurisconsultes ont prétendu qu'un bureau, établi dans chaque chef-lieu d'arrondissement, ne suffisait pas aux besoins des affaires, ou mieux n'assurait pas à l'hypothèque une publicité suffisante. Ils ont proposé d'en multiplier le nombre, et d'établir, par exemple, dans chaque canton, un bureau qu'on annexerait au bureau d'enregistrement, comme du reste la chose a lieu dans quelques chefs-lieux d'arrondissement de minime importance (1). Cette multiplicité de bureaux permettrait de tenir les registres avec plus de soin, et rendrait plus rares les erreurs de noms et de désignations de parcelles. Sans doute, cette réforme semble, à première vue, devoir amener de bons résultats. Toutefois, elle a été combattue par d'excellents auteurs (2).

Il ne faut pas, en effet, perdre de vue que le fonctionnement du régime hypothécaire doit être mis en harmonie parfaite avec les divers rouages qui concourent à l'administration de la justice. A chaque instant, les avoués chargés des intérêts privés devant les tribunaux de première instance, ont besoin de recourir au bureau de la

(1) Loreau, directeur des domaines. Du Crédit foncier, etc. — Documents hypoth., t. I.

(2) M. Huc, Recueil de l'Académie de Législation.

conservation des hypothèques; ainsi pour la transcription de la saisie et de l'exploit de dénonciation (art. 678 C. de Proc. civ.), pour la sommation aux créanciers inscrits d'avoir à prendre connaissance du cahier des charges (art. 692 même Code), pour la mention de cette sommation en marge de la transcription (art. 693 même Code), pour les diverses transcriptions ou radiations, pour connaître le premier créancier inscrit dans le cas d'une demande en distraction (art. 725 même Code), pour les notifications aux créanciers inscrits dans le cas d'aliénation volontaire, pour les certificats à obtenir à suite de purge d'hypothèques légales dispensées d'inscription, pour les diverses sommations et notifications à faire en matière d'ordre, etc., etc.

Les rapports de l'avoué avec le bureau des hypothèques sont trop fréquents et trop importants, pour qu'on puisse admettre que l'étude de l'avoué et le bureau des hypothèques ne soient pas établis dans la même ville. Obliger l'avoué de réclamer par voie de correspondance les renseignements dont il a besoin, ce serait augmenter par des frais de poste les frais de procédure déjà si élevés, allonger les délais de procédure déjà si longs, et s'exposer à des pertes de pièces qui viendraient chaque jour engager la responsabilité de l'administration des postes.

Il y aurait bien un moyen d'éviter ces inconvénients: mais le remède serait pire que le mal. Ce serait d'établir dans chaque canton un tribunal de première instance. Il est peu probable que des esprits pratiques et sérieux osent appuyer un pareil projet.

Un moyen qui semblerait plus recevable, consiste à vouloir transporter aux juges de paix certaines attributions qui n'appartiennent qu'aux tribunaux de première instance. Mais en réalité, cette réforme amènerait le résultat indiqué et condamné ci-dessus, c'est-à-dire, d'établir un tribunal par canton, en supprimant même dans ce dernier cas, la garantie qui résulte du nombre des juges

Quelques novateurs ont encore proposé des *conseils de canton*. Sans vouloir approfondir ces divers systèmes, remarquons qu'ils offrent tous le grave défaut d'éloigner les tribunaux compétents du lieu où se trouvent centralisés les documents nécessaires à la marche des procédures. Nous pouvons donc poser en principe que tout projet qui reposerait sur la multiplicité des bureaux d'hypothèques, devrait être dores et déjà repoussé.

Après ces quelques observations critiques que nécessitait l'importance de l'art. 2146, il est utile d'entrer dans quelques explications. Les inscriptions doivent se faire au bureau de la conservation des hypothèques dans l'arrondissement duquel sont situés les biens soumis à l'hypothèque. — Il résulte des termes mêmes de l'article, que toute inscription qui serait prise en dehors de l'arrondissement dans lequel est situé l'immeuble hypothéqué serait nulle. La compétence du conservateur ne s'étend que sur les biens situés dans son ressort. Ainsi, un débiteur a soumis à l'hypothèque un domaine dont les dépendances se trouvent comprises, partie dans un arrondissement, partie dans un arrondissement voisin. L'inscription opérée dans l'arrondissement où se trouve le chef-lieu de l'exploitation, ne suffit pas pour couvrir tout l'immeuble. Une double inscription est nécessaire.

Contrairement à l'art. 529 C. N., qui déclare meubles par la détermination de la loi les actions ou intérêts dans les Compagnies, alors même que les immeubles dépendant de ces entreprises appartiennent aux Compagnies, un décret du 16 janvier 1808 (art. 7), a autorisé l'immobilisation des actions de la Banque de France, et les a soumises aux lois d'hypothèque, comme les propriétés foncières. — Où devra être prise l'inscription portant sur ces actions immobilisées? Dira-t-on que l'action n'ayant en elle-même aucune situation, l'inscription doit être prise au domicile du propriétaire? Mais, on voit tout de suite que, ce domicile étant essentiellement variable, il ne sera que trop souvent impossible aux créanciers postérieurs de savoir si les actions sont déjà grevées d'hypothèques. Où pourront-ils faire leurs recherches hypothécaires ? La loi aurait dû prévoir cette difficulté et la résoudre. — Toutefois, il est bon de remarquer que la Banque de France a son siége à Paris, qu'elle a à Paris sa véritable assiette, et qu'il convient d'y appeler les tiers intéressés à connaître la situation hypothécaire de ses actions immobilisées. A l'appui de cette solution donnée par d'excellents auteurs (1), un argument d'analogie pourrait être tiré de l'art 5 de la loi du 17 mai 1834, qui exige des propriétaires qui voudraient rendre à leurs actions le caractère d'effets mobiliers, la transcription de leur déclaration au bureau des hypothèques de Paris.

SECTION II.

Délais pour inscrire.

En règle générale, l'inscription peut être requise immédiatement après l'acquisition de l'hypothèque, et tant que les biens affectés se trouvent dans le patrimoine du débiteur ; sauf, bien entendu, le cas où l'hypothèque résulterait d'un jugement rendu sur une demande en reconnaissance d'obligation sous-seing privé, formée avant l'échéance ou l'exigibilité de la dite obligation. La loi du 3 septembre 1807 (art. 1), prescrit qu'il ne soit pris une inscription en vertu de ce jugement qu'à défaut du payement de l'obligation après son échéance ou son exigibilité.

La règle qui précède n'offre de difficultés d'application que si l'on suppose l'aliénation des biens hypothéqués.

(1) Delvincourt. tom. III, p. 160, note 1. — P. Pont, n° 868. — Zachariæ, tom. II, p. 146, note 2.

Dans le cas d'une aliénation, jusqu'à quelle époque les créanciers peuvent-ils inscrire leurs droits? — La réponse à cette question a maintes fois et notablement varié, suivant les divers régimes qui ont été successivement en vigueur depuis la promulgation du code.

Sous l'empire du Code civil, les créanciers perdaient leurs droits réels non inscrits par le seul effet de la vente que le débiteur avait faite à leur insu. — D'après les articles 834 et 835 du Code de procédure civile, les droits réels acquis avant la vente, mais non encore inscrits, pouvaient utilement apparaître dans la quinzaine qui suivait la transcription. — Dans le cas d'expropriation forcée, une règle, commune au Code civil et au Code de procédure, obligeait les créanciers à s'inscrire avant l'adjudication.

La loi du 23 mars 1855 est venue modifier ces dispositions. Désormais, la transcription elle-même arrête le cours des inscriptions et fixe l'état hypothécaire de l'immeuble. La loi nouvelle prive d'un côté, dans le cas d'aliénation volontaire, les créanciers de ce délai de quinzaine qui les mettait en quelque sorte en demeure de prendre inscription ; mais, d'un autre côté, elle a abandonné l'excessive rigueur du Code civil, en accordant aux créanciers le droit de s'inscrire jusqu'à la transcription de l'acte de vente, et même, en matière d'expropriation forcée, jusqu'à la transcription de l'adjudication (1).

En donnant pour limite unique au droit de s'inscrire l'époque de la transcription de l'aliénation ou de l'adjudication, la loi a considéré qu'il ne fallait pas laisser l'acquéreur en suspens sur l'état hypothécaire de l'immeuble acheté, et que les créanciers pouvaient facilement se mettre à l'abri d'une aliénation hâtive en ne comptant

(1) M. G. Bressolles, Recueil de l'Académie de Législation de Toulouse, 1855, p. 57 et suiv.

les fonds à l'emprunteur qu'après l'accomplissement de l'inscription.

La nature même des choses nous indique que ce qui précède ne peut s'appliquer aux hypothèques légales des femmes mariées, des mineurs et des interdits, puisqu'elles sont dispensées d'inscription. Dans le principe, on avait même vu dans cette dispense, non-seulement une faveur personnelle et temporaire, mais encore un avantage perpétuel, qui survivait à la dissolution du mariage ou à la cessation de la tutelle, qui même était transmissible de la femme mariée aux créanciers par elle subrogés dans son hypothèque légale. — Cet état de choses était vivement critiqué. Les articles 8 et 9 de la loi de 1855 ont donné à ces critiques une raisonnable satisfaction. « Si la veuve, le mineur devenu majeur, l'interdit relevé de l'interdiction, leurs héritiers ou ayants-cause, n'ont pas pris inscription dans l'année qui suit la dissolution du mariage ou la cessation de la tutelle, leur hypothèque ne date, à l'égard des tiers, que du jour des inscriptions prises ultérieurement (art. 8). » Ainsi, désormais, ces ci-devant incapables ont une année pour faire inscrire et rendre publics leurs droits hypothécaires. S'ils ont laissé écouler l'année de grâce sans s'être inscrits, toute aliénation, volontaire ou forcée, leur sera opposable par le seul effet de la transcription. Leur hypothèque légale existe toujours, mais elle a une date nouvelle; elle est censée n'exister que du jour de son inscription (1).

La disposition de l'art. 8 de la loi du 23 mars 1855 s'applique : 1° au cas où le mariage a été dissous par la mort du mari, et où la tutelle a cessé par la majorité du pupille ou la mainlevée de l'interdiction, et 2°, au cas où le mariage a été dissous par le prédécès de la femme, et où la tutelle a fini par la mort du mineur ou de

(1) M. Bressolles, loc. cit.

l'interdit. Les héritiers ou ayants-cause de la femme prédécédée, ceux du mineur ou de l'interdit décédés en minorité ou interdiction, sont donc tenus, comme leurs auteurs, de prendre inscription dans l'année qui suit la dissolution du mariage ou la cessation de la tutelle. La rédaction de l'art. 8 est incomplète en ce qu'elle ne statue que sur l'hypothèse de la dissolution du mariage par la mort du mari, et la cessation de la tutelle par la majorité du pupille ou la mainlevée de l'interdiction. Mais il n'est pas douteux que la disposition ne s'applique également et même, à plus forte raison, aux cas de prédécès de la femme ou de la mort du pupille en état de minorité (1).

L'état de minorité où se trouveraient les héritiers de la femme ou de l'ancien pupille ne donnerait lieu à aucune prorogation de délai en leur faveur. Mais c'est une question très controversée que celle de savoir si cette solution ne doit pas être modifiée dans le cas où les enfants mineurs, héritiers de la mère, se trouveraient soumis à la tutelle du père. Nous croyons, avec MM. Aubry et Rau, que dans l'état actuel de la législation, et en présence de la discussion au Corps législatif, il y a lieu, quels que soient les inconvénients de cette solution, de décider que l'inscription de l'hypothèque légale de la femme devra être faite dans l'année de la dissolution du mariage, même lorsque les héritiers sont les enfants mineurs, placés sous la tutelle de leur père, son ci-devant mari. C'est, du reste, en ce sens que s'est prononcée la Cour de Cassation (2).

---

(1) Mourlon, De la Transcription, 860. — P. Pont, C. N., nº 809. — Bordeaux, 12 mars 1860. — Aix, 10 janv. 1861. — Metz, 19 mars 1861. — Riom, 3 août 1863.

(2) Aubry et Rau, § 269. — Grenoble, 29 av. 1858. — Toulouse, 2 jan. 1863. — Grenoble, 26 fév. 1863. — Cass., 2 mai 1866. — Contrà, P. Pont. 869, Riom, 3 août 1863.

A l'inverse, la survenance de la faillite du mari ou du tuteur, l'acceptation bénéficiaire de leur succession, n'ont pas pour effet de restreindre le délai accordé par l'art. 8. Ainsi, l'inscription d'hypothèque légale peut être prise utilement jusqu'à l'expiration du délai d'un an, même après le jugement déclaratif de la faillite du débiteur, et malgré l'acceptation bénéficiaire de sa succession. Mais ces événements qui forment, en général, obstacle à la validité de l'inscription postérieurement prise, empêchent aussi que l'hypothèque légale non inscrite dans le délai d'un an, depuis la dissolution du mariage ou la cessation de la tutelle, le soit utilement après l'expiration de ce délai (1).

Avant la loi du 23 mars 1855, d'après une jurisprudence constante, les reno nciations ou subrogations à l'hypothèque légale des femmes mariées n'étaient soumises, pour leur validité, entre les parties ou à l'égard des tiers, à aucune condition particulière de formes. Considérant comme transmissible cette dispense d'inscription dont jouit l'hypothèque légale de la femme, la jurisprudence étendait jusqu'au créancier subrogé une faveur qui, par sa nature aurait dû être personnelle. Entre les créanciers subrogés, la préférence se réglait par l'ordre des subrogations. Les formalités de la purge indiquées par l'art. 2194, avaient seules pour effet de mettre la femme et les créanciers subrogés en demeure de prendre inscription (2). Cette jurisprudence était pleine de dangers pour les femmes mariées elles-mêmes comme pour les tiers avec qui elles traitaient. Elle fut réformée par l'art. 9 de la loi du 23 mars 1855. D'après ce texte, les renonciations ou

---

(1) Mourlon, De la Transcr., tom. 2, 873 et 878. — P. Pont, nos 890 et 895. — Demangeat sur Bravard, t. V, p. 288. — Paris, 24 juin 1862. — Req., 2 mars 1865.

(2) Troplong, no 609 — Des hypoth. — Paris, 18 mars 1848. — Cass., 15 nov. 1864. — Metz, 22 janv. 1856.

subrogations à l'hypothèque légale, tacites ou expresses, ne deviennent efficaces à l'égard des tiers que du jour où elles ont été rendues publiques dans la forme prescrite. Chaque créancier subrogé exerce désormais son droit hypothécaire, non plus à la date de la subrogation, mais à la date de l'inscription ou de la mention. Entre le subrogé et la femme, la subrogation n'a pas besoin de publicité pour produire son effet. La loi ne distinguant pas, la règle de l'article 9 est applicable, même après la dissolution du mariage, et la subrogation consentie par la femme quelques mois après la mort de son mari, doit être rendue publique, conformément à la loi de 1855, pour que le subrogé soit saisi à l'égard des tiers. L'inscription faite par un des créanciers subrogés ne profite ni aux autres créanciers, ni même à la femme, à moins que l'inscrivant n'ait agi au nom de celle-ci (1). En conséquence, le conservateur, en rayant l'inscription sur la demande du créancier subrogé, ne peut pas réserver l'effet de l'inscription en faveur de la femme (2).

Dans certains cas, autres que les précédents, l'inscription de l'hypothèque légale des femmes mariées, mineurs et interdits, peut devenir nécessaire. Il en est ainsi lorsqu'à la suite de l'aliénation volontaire des immeubles du mari ou du tuteur, le tiers-acquéreur remplit les formalités prescrites par les art. 2193 et 2194, comme aussi lorsque ces immeubles sont ou frappés de poursuites en expropriation forcée, ou soumis à l'expropriation pour cause d'utilité publique. Dans le cas de purge par suite d'aliénation volontaire, l'inscription doit être prise avant l'expiration du délai de deux mois fixé par l'art. 2195; en cas de saisie immobilière, elle doit l'être avant la transcription du jugement

---

(1) Paris, 27 fév. 1857. — Colmar, 26 mai. 1857. — Req. 1er juin 1859. — C. civile, 5 fév. 1861, et 21 juillet 1863. — Contrà. Amiens, 31 mars 1857. — Toulouse, 30 déc. 1850. — Req., 2 juin 1858.

(2) C. Civ. 5 fév. 1861. — Rouen, 26 déc. 1862. — P. Pont. n° 801.

d'adjudication, et en cas d'expropriation pour cause d'utilité publique, avant l'expiration de la quinzaine de la transcription du jugement d'expropriation. (La loi du 3 mai 1841, art. 17, n'a pas été modifiée par la loi du 23 mars 1855). — Toutefois le défaut d'inscription ne ferait perdre aux créanciers que leur droit de suite, et ne les priverait nullement du droit de préférence sur le prix. Cette solution résulte, en matière d'expropriation pour cause d'utilité publique, de l'art. 17 de la loi du 3 mai 1841; pour le cas d'expropriation forcée, de l'art. 1er de la loi du 21 mai 1858, et dans le cas d'aliénation volontaire, d'un arrêt de la Cour de Cassation du 21 juillet 1861 (1).

Si nous cessons à présent de supposer l'aliénation de l'immeuble hypothéqué, la règle posée en tête de notre section II s'appliquera ; l'inscription pourra être requise aussitôt après l'acquisition de l'hypothèque. La loi ne fixe aucun délai ; elle compte sur l'intérêt des parties pour leur voir remplir sans retard une formalité qui seule assurera un rang et une date à leur droit réel. Cette règle souffre toutefois deux exceptions, prévues par l'art. 2146, *in fine*.

1° *Cas de faillite du débiteur*. — Notre première exception a pour cause et pour objet l'intérêt du commerce. Et disons tout de suite que notre Code l'a empruntée à la législation du passé. L'édit du mois de mars 1673 (2), déclarait nuls les transports, cessions, ventes et donations de biens, meubles ou immeubles, faits en fraude des créanciers, et décidait que les biens ainsi distraits seraient rapportés à la masse commune. Une déclaration royale du 18 novembre 1702 venait reproduire cette pensée, en la développant et l'appliquant spécialement aux hypothèques. Elle reconnaissait les abus trop fréquents commis dans les

(1) Zachariæ, 2e partie, liv. 1er, § 260.
(2) Ord. du commerce, mars 1673, tit. XI, art. 4.

faillites des marchands, par des cessions, transports, obligations et autres actes frauduleux, faits d'intelligence avec certains créanciers qu'on favorisait de la sorte; il arrivait aussi que des marchands laissaient rendre contre eux, à la veille de leur faillite, des sentences qui donnaient préférence et hypothèque à certains créanciers supposés. C'était ces abus que l'ordonnance avait en vue de faire cesser. — On le voit, elle posait nettement le problème à résoudre. Elle le résoltait non moins nettement. « Il y aurait moins lieu, disait-elle, à la fraude, s'il y avait un temps prescrit, dans lequel les cessions, transports et autres actes qui se feraient par les marchands, seraient déclarés nuls, même les sentences qui seraient rendues contre eux. » Dans ce but, l'édit en question annulait les dits actes, s'ils n'étaient faits dix jours au moins avant la faillite publiquement connue de ces marchands; il en était de même pour les sentences. Ces dispositions sont fort justes. Il est en effet certain qu'à une époque si rapprochée de la faillite, les amis et familiers du marchand doivent pressentir sa position; ils sont donc coupables de traiter avec lui.

La législation moderne, en empruntant à cette ordonnance les dispositions que nous venons d'étudier, les avait étendues au delà de justes limites. L'art. 5 de la loi de Brumaire an VII, et l'art. 2146 du Code civil portent, l'un que l'inscription dans les dix jours qui précèdent la faillite, ne confère point hypothèque, l'autre, que les inscriptions prises dans le même délai ne produisent aucun effet. — L'excès de ces deux lois était de s'attaquer non pas directement aux actes intervenus en temps suspect, mais à l'inscription qui, n'ayant pour but que de conserver une hypothèque légitimement acquise, ne comporte pas la même défiance que l'acte lui-même qui constitue l'hypothèque. Il est bien dur, en effet, que le retard mis à faire inscrire une hypothèque valablement acquise, nous dépouille du droit lui-même, et que nous perdions tout privilége pour l'avoir fait inscrire dans les dix jours qui précèdent la faillite de notre débiteur.

La loi du 28 mai 1838 est venue corriger cette rigueur. Les nouveaux art. 446 et 448 du Code de commerce ont su faire une équitable conciliation des intérêts de la masse chirographaire de la faillite et de ceux des créanciers hypothécaires du failli. Ils ont consacré la distinction que nous faisions plus haut entre l'acte lui-même qui crée l'hypothèque et l'inscription qui la conserve en la rendant publique. Ainsi, le premier de ces articles qui a trait à l'hypothèque elle-même, déclare nulle et sans effet, lorsqu'elle aura été faite par le débiteur depuis l'époque déterminée par le tribunal comme étant celle de la cessation des payements ou dans les dix jours qui précèdent cette époque, toute hypothèque conventionnelle ou judiciaire constituée sur les biens du débiteur.

L'art. 448 s'occupe de l'efficacité de l'inscription. Ce texte présente une disposition complexe contenant une règle générale et une exception. La règle générale fixe au jour du jugement déclaratif de la faillite la dernière limite pour l'inscription, qui doit conserver les droits d'hypothèque et de privilége *valablement* acquis sur les biens du failli. Parmi les hypothèques légales, celles qui sont sujettes à inscription devront être inscrites avant le jugement déclaratif; les autres pourront l'être encore postérieurement, si le délai accordé par la loi de 1855 n'est pas expiré. L'art. 446 du C. de comm. n'a pas pu avoir pour effet de changer les conditions faites aux femmes mariées et aux mineurs ou interdits par la loi civile, et de faire tomber leurs hypothèques pour n'avoir pas été inscrites avant le jugement qui déclare la faillite du débiteur, alors que la loi civile les a expressément dispensées d'inscription.

La règle de l'art. 448 s'applique d'une manière absolue aux priviléges que la loi soumet aux conditions ordinaires de publicité. Mais, quant aux priviléges pour l'inscription desquels la loi donne un délai, ils pourront être inscrits, même après le jugement déclaratif, si le délai n'est pas expiré (1).

Enfin, il est des cas où la disposition prohibitive de l'art. 448 ne reçoit aucune application, par exemple au cas de séparation de patrimoines, au moins pour ceux qui ne voient pas un véritable privilége dans ce bénéfice. Il serait, en effet, déraisonnable d'interdire aux créanciers ou légataires du défunt d'user de la ressource de la séparation des patrimoines, après une faillite de l'héritier, qui, plus qu'aucun autre fait, en atteste l'urgence et l'utilité (2).

En est-il de même du privilége du vendeur? Pourra-t-il, si la faillite a été déclarée avant que les formalités nécessaires à la conservation du privilége aient pu être accomplies, pourra-t-il exciper de son droit vis-à-vis des créanciers de l'acquéreur, et leur être préféré? La question a été de tout temps, et surtout depuis la loi de 1855, en doctrine et en jurisprudence, l'objet des préoccupations les plus vives. Avec M. Demangeat, nous ne voyons aucune bonne raison pour ne pas appliquer ici l'art. 448. C'est aussi ce que décide la jurisprudence (3). Mais le vendeur aura néanmoins conservé l'action résolutoire établie par l'art. 1654 du C. N., bien que l'art. 7 de la loi de 1855 relie intimément l'action résolutoire à la conservation du privilége. Car, ainsi que le remarque M. Mourlon, cet article ne peut jamais être invoqué par des créanciers purement chirographaires de l'acheteur, pas plus que par l'acheteur lui-même ; or, la masse de la faillite, alors même que les syndics ont pris inscription (art. 490 C.

(1) Rouen. 12 juin 1841. — Limoges, 1er mars 1847.

(2) Troplong, n° 750. — Pont, n° 901. — Paris, 25 mars 1824. — Demangeat sur Bravard, t. V, p. 468.

(3) Mourlon, Tr. de la Transcr., n° 643. — Nancy, 6 août 1858.

Co.), ne doit pas être considérée à l'encontre du vendeur, comme ayant acquis un véritable droit d'hypothèque (1).

Quant aux hypothèques conventionnelles ou judiciaires, le principe de l'art. 448 doit être appliqué dans toute sa rigueur. Toutefois, ce texte contient une exception qui permet aux juges d'annuler l'inscription des droits hypothécaires valablement acquis, lorsqu'ayant été prise après l'époque de la cessation des payements, ou dans les dix jours qui précèdent, elle est séparée de l'acte constitutif de l'hypothèque ou du privilége par un intervalle de plus de quinze jours, sauf l'augmentation de ce délai à raison des distances. Les tribunaux sont investis d'un pouvoir discrétionnaire ; sans doute, ils devront annuler l'inscription, lorsqu'il apparaîtra que l'inscription a été prise plus de quinze jours après la date du titre constitutif, par l'effet d'une connivence du créancier avec le débiteur. Mais rien ne les oblige à considérer la bonne foi du créancier comme suffisante pour le mettre à couvert, et, laissant à l'écart cette question, ils peuvent annuler ou valider l'inscription, selon que le retard implique une négligence du créancier, ou qu'au contraire il provient d'un empêchement sérieux (2).

Les diverses nullités des art. 446 et 448 ne sont prononcées que relativement à la masse chirographaire et ne peuvent être invoquées que par les créanciers du failli. Le failli ne saurait prétendre que les inscriptions et les hypothèques qu'il a consenties librement doivent être nulles *ergà omnes*, lorsqu'il se trouve remis à la tête de ses

---

(1) Mourlon, op. cit. n° 817. — Cass., 1er mai 1860. — Grenoble, 24 mai 1860.

(2) Bourges, 9 août 1848. — Req., 17 av. 1849. — Rouen, 16 mai 1857. — Cass., 20 janv. 1857.

affaires après le concordat ou le règlement de la faillite (1).

Les dispositions des art. 446 et 448, s'appliquent-elles au cas de déconfiture du débiteur? — Non, évidemment, car s'il existe des moyens légaux pour déterminer l'époque de la faillite d'un commerçant, il n'en est pas pour fixer celle de la déconfiture. La loi ne pouvait donc pas livrer à l'arbitraire des juges le sort d'hypothèques prétendues acquises postérieurement à la déconfiture. — D'ailleurs la loi ne parle ici que de la faillite, et nous savons qu'elle a toujours soin d'appliquer ses dispositions à la faillite et à la déconfiture, lorsqu'elle veut les rendre communes aux deux cas (C. N. art. 1446, 1613, 1923, 2032) (2).

Une question plus délicate est celle de savoir si ce que nous disons de la déconfiture s'applique à la cession de biens. D'abord, il est hors de doute, que des hypothèques ne peuvent plus être concédées par le débiteur, dès que la cession a été acceptée ou admise judiciairement; le débiteur se trouvant dessaisi, ne peut plus faire acte de propriétaire. Quant aux hypothèques consenties avant la cession, peuvent-elles être inscrites après la cession? Là est la difficulté. Nous croyons qu'elles le peuvent, pour le même motif invoqué en cas de déconfiture: Toute disposition prohibitive est essentiellement de droit étroit. La loi ne vise que le cas de faillite; on ne peut pas étendre ses prohibitions d'un cas à un autre (3).

II. — *Cas d'acceptation sous bénéfice d'inventaire de la succession du débiteur.* — Les inscriptions ne produi-

---

(1) Paris, 24 déc. 1843. — Orléans, 16 juin 1852. — Paris, 22 juillet 1857.

(2) Merlin, Rep.. V° faillite. — Grenier, t. I, p. 123. — Delvincourt, t. III, p. 168. — Battur, t. III, n° 411 — Troplong. — Baudot, n° 206.

(3) Zachariæ, t. II, p. 162. — P. Pont, n° 877. — Troplong, n° 662. — Baudot, n° 206. — Contrà, Dalloz, V° Priv. et hypoth., n° 1429.

sent aucun effet entre les créanciers d'une succession, si elles n'ont été faites par l'un d'eux que depuis l'ouverture de la succession, et dans le cas où la succession n'est acceptée que sous bénéfice d'inventaire. Cette disposition de l'art. 2146, *in fine*, a été vivement critiquée (1). Une hypothèque a été valablement acquise; le débiteur meurt, et sa succession est acceptée sous bénéfice d'inventaire. Pour quelle raison sérieuse, a-t-on dit, la loi prive-t-elle désormais le créancier du droit d'inscrire son hypothèque? Pourquoi la mort et l'acceptation sous bénéfice d'inventaire de sa succession doivent-elles rendre plus mauvaise la position du créancier? — Ces reproches sont fondés. Toutefois, pour la justification de la loi, on pourrait dire que l'acceptation bénéficiaire fait présumer l'insolvabilité de l'hoirie, et crée pour celle-ci un état comparable, à certains égards, à celui du négociant en faillite. En outre, cette acceptation empêche la confusion des biens du défunt avec ceux de l'héritier; il fixe à cette époque le gage des créanciers. Dès lors, aucun d'eux ne doit plus obtenir, au préjudice des autres, un droit de préférence sur la chose commune.

Cette dernière raison nous donne la réponse à cette question : Peut-on prendre inscription sur une succession échue à un mineur? — Si la présomption d'insolvabilité était le seul motif qui eût prohibé toute inscription hypothécaire postérieurement à l'ouverture de la succession, les auteurs qui résolvent affirmativement la question, auraient raison. Car l'acceptation sous bénéfice d'inventaire d'une succession échue à un mineur, étant prescrite par la loi (C. N. art. 461), ne fait pas forcément supposer que la succession soit en état d'insolvabilité. — Mais si l'on admet que l'acceptation bénéficiaire a en général pour résultat d'amener une dévolution des biens héréditaires à la

(1) Rapport de M. de Vatimesnil à l'assemblée nationale législative 1849. — Rapport de M. Persil. — Troplong, t. III, n° 657.

masse des créanciers ; si l'on admet qu'il soit contraire à l'équité, autant qu'aux principes, d'admettre un créancier à se créer postérieusement des droits de préférence dans le fonds commun, on est obligé de reconnaître qu'il importe peu que l'héritier soit mineur ou majeur et la disposition finale de l'art. 2146 doit être généralisée (1).

Toutefois, cette disposition ne s'appliquera que si l'héritier bénéficiaire conserve cette qualité. Si donc il venait à être déclaré héritier pur et simple, fût-ce malgré lui, pour avoir fait un des actes interdits à l'héritier bénéficiaire par les art. 800 et 801 Code Napoléon, le créancier hypothécaire, qui n'a pris inscription que depuis l'ouverture de la succession, et dont l'inscription est par suite arguée de nullité par les co-créanciers, pourrait très bien faire maintenir son inscription comme prise sur une succession acceptée purement et simplement (2). Car l'effet de l'acceptation, même forcée, remonte au jour de l'ouverture de la succession (C. N., art. 777) ; l'héritier bénéficiaire, qui devient héritier pur et simple, soit par un acte de propre mouvement, soit par un fait de déchéance, est donc réputé n'avoir jamais été autre chose qu'héritier pur et simple.

Cette solution n'est-elle pas contraire à l'art. 1338 du Code civil, qui, redoutant avec raison une collusion entre un créancier et le débiteur, établit que la ratification d'un acte constitué *à non domino* ou par un incapable, ne peut jamais préjudicier aux droits des tiers ? Nous osons affirmer que non. Dans l'espèce qui nous occupe, peut-on supposer qu'un héritier, après avoir pris, par défiance des forces de la succession, la qualité d'héritier bénéficiaire, renoncera à son bénéfice en vue de tel créancier, sacrifiera

---

(1) P. Pont., n° 918. — Persil. — Troplong, t. III, n° 659. — Dalloz, V° hypothèques, n° 1441. — Baudot, n° 108.

(2) Caen, 16 juillet 1834.

son intérêt propre à celui de ce dernier? Le soupçon de fraude est ici forcément écarté. En outre, le cas de la ratification d'un acte et celui qui nous occupe sont complètement différents. Dans le premier, le créancier est coupable d'avoir contracté avec un incapable; il ne peut imputer qu'à lui-même la faute qu'il a commise, l'erreur dont il est la victime. Dans le second cas, le créancier peut n'avoir aucune négligence à se reprocher; la mort a surpris son débiteur. La loi n'avait pas à ménager les intérêts des tiers, à qui le maintien de l'inscription porte dommage.

Enfin, si l'on opposait que la validité de l'inscription va dépendre d'un fait involontaire de la part du créancier, suivant que la succession sera acceptée purement et simplement ou sous bénéfice d'inventaire, nous répondrions que, dans le cas de faillite précédemment étudié, il en est de même. Le sort de l'inscription dépend tout entier de la déclaration de faillite.

Doit-on appliquer les dispositions de l'art. 2146, *in fine*, au cas d'une succession vacante ou répudiée? La loi est muette sur ce point. Mais tous les auteurs reconnaissent que la répudiation d'une succession atteste son insolvabilité mieux encore que l'acceptation bénéficiaire, et ils étendent aux successions vacantes les dispositions de notre article (1).

---

(1) Tarrible. — Persil. — Battur. — Troplong. — P. Pont. — Zachariæ. — Baudot.

CHAPITRE III.

De ceux qui ont qualité pour requérir l'Inscription.

C'est avant tout au créancier qu'appartient la faculté de prendre et de requérir inscription. Cette solution résulte si bien de la nature même des choses que la loi n'a pas cru devoir en faire l'objet d'une disposition spéciale. — Exceptionnellement, dans les cas d'hypothèques légales de femme mariée, de mineur ou d'interdit, c'est au débiteur lui-même, c'est-à-dire au mari ou au tuteur, que la loi (art. 2136) enjoint de prendre inscription sur tous les immeubles qu'ils possèdent au moment de l'entrée en gestion ou de la célébration du mariage, et sur ceux qui pourront leur appartenir dans la suite. L'art. 2137 impose, en outre, aux subrogés tuteurs l'obligation de veiller à l'accomplissement de l'inscription et de la faire, au besoin, effectuer eux-mêmes. L'art. 2138 impose la même obligation au procureur impérial (voir aussi l'article 692 C. Pr. civ.). — Les parents, soit du mari, soit de la femme, du mineur et de l'interdit, même leurs amis, sont autorisés à faire effectuer l'inscription.

La faculté d'inscrire appartient même au créancier qui n'aurait pas le plein exercice de sa capacité civile. Ainsi, la femme, sans le consentement de son mari, le mineur sans l'assistance de son tuteur, peuvent requérir l'inscription. C'est, d'ailleurs, une nécessité de la situation. Subordonner l'action de l'incapable à ce consentement ou à cette assistance, ce serait en réalité le priver du bénéfice de l'art. 2139. Du reste, l'inscription n'est qu'un acte conservatoire.

Le droit de requérir inscription, appartient-il aux successeurs du créancier, c'est-à-dire aux héritiers, aux légataires, aux cessionnaires? Oui évidemment. Il ne peut y avoir de doute que pour le cas du cessionnaire. — D'abord, il peut valablement inscrire, lorsqu'il a signifié au débiteur le transport de la créance. Il doit même le faire, si, le cédant avait lui-même, avant le transport, inscrit son hypothèque. Bien qu'il jouisse du bénéfice de l'inscription par le fait même de la cession, il doit au plus tôt dépouiller le cédant inscrit du droit de donner frauduleusement mainlevée de l'inscription. — Un point plus délicat est celui de savoir si le cessionnaire peut inscrire, en son nom, avant la signification de la cession. La Cour de Paris avait d'abord décidé, et la Cour de Toulouse avait même depuis repris cette opinion, que le débiteur pouvait faire annuler l'inscription, comme prise par un non-propriétaire, *à non domino* (1). Mais cette opinion a été abandonnée par la Cour de Paris elle-même, la jurisprudence et la doctrine sont maintenant unanimes pour reconnaître que si le cessionnaire n'est saisi qu'après la signification du transport, c'est que la loi a voulu empêcher le cédant de recevoir le prix du débiteur au détriment du cessionnaire. Or, l'inscription, n'étant qu'un acte conservatoire, pourra être requise, en tout état de choses, soit par le cessionnaire, avant la signification, soit par le cédant, après signification au débiteur cédé (2).

Les créanciers du créancier peuvent-ils requérir inscription en leur nom? — L'art. 1166 C. Nap. en accordant aux créanciers le pouvoir d'exercer tous les droits et actions de leur débiteur, l'art. 775 C. Pr. civ., plus formel

---

(1) Paris, 10 vent., an XII. — Toulouse, 2 janv. 1841.

(2) Zachariæ, t. II. p. 156. — P. Pont, n° 931. — Troplong. — Martou, n° 1882. — Paris, 16 nov. 1840. — Bourges, 12 fév. 1841.

encore, et d'après lequel tout créancier peut prendre inscription pour conserver les droits de son débiteur, résolvent affirmativement la question. Toutefois, avec certains auteurs (1), nous ne croyons pas qu'il faille donner à ces articles le sens large qu'ils semblent comporter. Le créancier qui requiert l'inscription agit dans l'intérêt de ses co-créanciers, autant que dans le sien. Il agit au nom et comme représentant de son débiteur. C'est donc au nom de ce dernier que l'inscription doit être prise. — Autre serait notre solution dans le cas où le créancier serait devenu propriétaire de la créance de son débiteur. Un créancier a saisi-arrêté entre les mains d'un tiers une créance hypothécaire due à son débiteur. Un jugement déclare cette saisie valable, et ordonne au tiers saisi de payer entre les mains du saisissant. Dans cette espèce, nous reconnaissons, avec la Cour de Cassation, que le saisissant peut valablement en son propre nom, requérir inscription pour la conservation de sa créance (2).

Un tiers n'a pas besoin d'une procuration écrite pour opérer l'inscription au nom d'un créancier (3). Cette solution a été niée. M. Tarrible ne voit pas dans l'inscription d'une créance appartenant à autrui, un simple acte de gestion d'affaires, caractère qui pourrait seul la rendre valide et licite. — L'art. 1375 qui détermine la nature des affaires qui peuvent être gérées par des tiers et dont la gestion engage le maître, ne vise que la culture d'un domaine, l'entretien, la réparation, la reconstruction d'un immeuble; il ne va pas jusqu'à permettre au gérant d'exercer les droits du maître contre son débiteur.

---

(1) Duranton XX, n° 90. — Martou, n° 90. — P. Pont, n° 938.

(2) Req., 20 mai 1839. — Tarrible. — Persil.

(3) Zachariæ, t. II, p. 157. — Troplong, n° 673. — Martou, 1050. — Baudot, 217. — P. Pont. n° 935. — Contrà, Tarrible, Rep. de Merlin, V° Inscr. hyp.

L'art. 1119 dispose d'un autre côté que l'on ne peut s'engager ni stipuler en son propre nom que par soi-même. De plus, M. Tarrible tire de l'art. 775 du Code de Procédure civile un argument en sa faveur. Tout créancier, y est-il dit, pourra prendre inscription pour conserver les droits de son débiteur. D'où, par une conséquence forcée, quiconque n'a pas le titre de la créance, ne peut pas inscrire une créance hypothécaire appartenant à autrui.

Cette théorie s'appuie sur des textes, mais il faut reconnaître qu'elle leur donne un sens bien restreint. Évidemment le principe qui domine la matière de la gestion d'affaires est le suivant : tout ce qu'une personne fait au nom et dans l'intérêt d'un tiers, quoique sans mandat, est valable si ce tiers l'approuve postérieurement. — Quant à l'art. 1119, que l'auteur invoque, ne peut-on pas dire qu'il est étranger au cas qui nous occupe? Certes on ne peut s'engager, ni stipuler en son nom pour autrui, mais ici le gérant d'affaires n'agit nullement en son propre nom; il agit formellement au nom du créancier absent ou empêché. — Quant à l'argument tiré de l'art. 775 Proc. civ., il est également fort peu solide. Dans le cas de l'art. 775, nous voyons des créanciers requérant l'inscription en leur nom personnel. Dans le cas qui nous occupe, nous avons un gérant qui requiert inscription au nom du véritable créancier. — Enfin ce qui combat victorieusement la théorie de M. Tarrible, c'est que cet auteur la reconnait lui-même très sévère, et qu'il laisse aux juges le soin d'en adoucir la rigueur. Aussi la généralité des auteurs l'a-t-elle condamnée.

Le mandat du créancier donne aux tiers le droit de requérir l'inscription, et il engage leur responsabilité. Ce point ne souffre aucune difficulté. Mais que décider à l'égard du notaire, qui aurait négligé de conserver par l'inscription les droits résultant des actes qu'il a passés ?

Divers arrêts (1) et, entre autres, un arrêt de la Cour de Paris, du 14 janvier 1854, a décidé que le devoir du notaire ne consiste pas simplement à remplir les formalités prescrites par les lois pour la régularité des actes qu'il reçoit; qu'il doit encore veiller à l'accomplissement des conditions nécessaires pour conserver les droits des parties, et que son obligation est d'autant plus étroite que l'ignorance des formes et l'inexpérience des affaires peuvent avoir, pour les clients qui se confient à ses lumières, de plus fâcheuses conséquences. Cette théorie a été combattue (2). On a prétendu que cette responsabilité du notaire ne pouvait résulter que d'un mandat spécial, lorsqu'il a été expressément chargé des suites de l'opération, et qu'il a accepté cette mission. Pour nous, nous pensons que la vérité se trouve dans une distinction dont quelques arrêts contiennent la trace. Le notaire a-t-il été l'intermédiaire actif entre les deux parties contractantes, a-t-il procuré au futur créancier le débiteur cherché, ou bien au débiteur le créancier désiré, est-il, en un mot, le négociateur de l'affaire, son mandat l'oblige alors à suivre cette opération dans toutes ses conséquences, avec d'autant plus de raison qu'il est un mandataire salarié? Au contraire, s'est-il contenté de constater dans ses minutes la convention d'hypothèque déjà arrêtée et formée entre les parties, il ne joue alors que le rôle d'un scribe, et c'est aux parties qu'incombe le soin de procéder aux actes qui rendront efficace le droit réel constitué.

(1) Paris, 21 mai 1851, 27 août 1852, 22 juillet 1853.
(2) P. Pont, Revue critique, tome VII, p. 35 et seq.

CHAPITRE IV.

Formalités à remplir pour requérir l'inscription.

SECTION Ire.

Production du titre.

Pour opérer l'inscription, le créancier doit représenter au conservateur le titre d'où procède son hypothèque. La loi est formelle sur ce point. Il ne peut y avoir d'exception à cette règle que pour l'inscription des hypothèques légales. L'art. 2153, qui a spécialement trait aux hypothèques légales, n'exige pas même la mention du titre dans la teneur des bordereaux ; à plus forte raison, la représentation de ce titre ne peut être exigée lors de la déposition de ces derniers. Une instruction de l'administration de l'enregistrement, du 2 avril 1834, a prévu le cas et l'a résolu comme nous venons de l'indiquer.

Mais, ce cas excepté, la règle est générale : tout créancier qui requiert inscription doit présenter son titre au conservateur ; et celui-ci peut se refuser à inscrire une hypothèque dont le titre ne lui serait pas représenté. Cette disposition a été vivement critiquée et son utilité méconnue. M. Tarrible la tient pour surabondante ; M. P. Pont la trouve sans intérêt (1). Pour nous, loin d'y

(1) P. Pont, 940. — Merlin, Rép. V° Inscr. hyp., § 6, n° 6. — Journal des notaires, 31 mai 1865.

voir une règle inutile, nous la considérons comme une formalité d'ordre public qui intéresse au plus haut point tous les citoyens. Si le conservateur est tenu d'inscrire, même en l'absence de titre, qui empêchera un individu de mauvaise foi de grever des biens libres d'hypothèques supposées, et ruiner ainsi le crédit du prétendu débiteur ? Dira-t-on que la victime de cette odieuse manœuvre aura un recours contre l'inscrivant ? Mais ne voit-on pas que ce recours sera illusoire si l'inscrivant est insolvable ? Ce dernier peut même être inconnu, puisque nous verrons tout à l'heure que les bordereaux n'ont pas besoin d'être signés. Dans ce cas, le grevé devra obtenir un jugement qui ordonne la mainlevée des hypothèques imaginaires prises contre lui et les frais en seront à sa charge.

On peut objecter que, d'après l'art. 2199, le conservateur ne peut, en aucun cas, refuser ni retarder l'inscription des droits hypothécaires. — Nous admettons bien que le conservateur ne peut se faire juge de la validité du titre qu'on lui présente ; son ministère est purement passif ; mais, peut-on dire qu'il a refusé d'inscrire lorsque la réquisition ne lui a pas été faite dans les formes voulues ? Admettrait-on qu'il y ait eu refus de sa part, si le requérant, non content de ne pas présenter de titre, avait même négligé de rédiger des bordereaux ? Non, certes ; il n'y aurait rien de fait de part et d'autre, ni réquisition véritable de la part du créancier, ni véritable refus de la part du conservateur.

M. P. Pont critique la loi par ce motif que l'inscription ne peut nuire au tiers. Le titre devant apparaître lorsque plus tard les créanciers auront à se partager le prix du gage hypothéqué, l'inscription tombera, et le créancier dont le conservateur aura accepté la parole ou la simple déclaration, non appuyée de la production du titre, cèdera le pas à tous les créanciers inscrits après lui. — Tout cela est parfaitement vrai. Mais, nous le répétons, si les tiers ne peuvent souffrir d'une hypothèque imaginaire, on ne peut en dire autant du grevé. Nous avons montré plus haut combien son crédit peut facilement être atteint par des hypothèques supposées.

L'administration de l'Enregistrement a si bien compris l'intérêt de la question, que par deux fois (1), elle a fait au conservateur un devoir d'exiger la production du titre; elle a même tenté d'en assurer l'exécution, en prescrivant au conservateur de mentionner spécialement sur le registre des dépôts la nature du titre produit, et en donnant mission à ses employés supérieurs de rapprocher ces mentions des titres ou expéditions de titres, lors de leur vérification dans les greffes et les études des notaires.

Cette sollicitude de l'administration a paru suspecte à certains esprits (2). On a voulu voir dans les mesures qu'elle a prescrites et dans cette obligation de produire le titre, un moyen détourné de multiplier les expéditions et d'accroître ainsi les produits de l'impôt du timbre. Mais si l'on veut y mettre un peu de franchise, on reconnaîtra avec nous que la loi est formelle, que l'utilité de sa disposition est des mieux justifiées, et que l'administration qui en assure l'exécution, n'outrepasse nullement ses droits.

Le titre que le conservateur est en droit d'exiger, doit consister, d'après l'art. 2148, en l'original en brevet ou une expédition authentique du jugement ou de l'acte qui donne naissance à l'hypothèque. Faut-il conclure de ces mots : *original en brevet*, que les notaires peuvent recevoir en brevet, c'est-à-dire sans en garder minute, les conventions comportant hypothèque? La négative semble résulter de l'art. 20 de la loi du 25 ventôse an XI qui prescrit aux notaires de garder minute des actes qu'ils font, et qui n'excepte point de cette règle les conventions hypothécaires. Il y a, en effet, dans l'affectation réelle

(1) Instructions du 2 avril 1834 et du 15 avril 1865.
(2) Voir le journal des notaires, art. 18260.

qui résulte d'une convention d'hypothèque, un fait assez grave pour nécessiter toutes les mesures qui peuvent prévenir la fraude (1). — Toutefois l'opinion contraire a été soutenue (2). Les nullités, a-t-on dit, ne se suppléent pas; la loi n'a pas prononcé la nullité des constitutions d'hypothèque passées en brevet, comme elle a prononcé, par son art. 931, la nullité des actes de donation dont il n'aurait pas été gardé minute; il serait donc téméraire d'admettre une nullité qui n'est point écrite dans la loi. Cette opinion nous semble inadmissible dans sa généralité. Toutefois nous admettrions volontiers qu'une hypothèque de peu d'importance, inférieure, par exemple, à 150 fr., pourrait être passée en brevet. Nous ferions entrer une telle constitution dans la catégorie des *actes simples*, dont l'art. 20 de la loi de ventôse an XI dispense les notaires de garder minute.

La loi parle, en second lieu, des expéditions authentiques des jugements. Cette disposition semble porter atteinte au principe de l'art. 2123, qui fait résulter l'hypothèque judiciaire du jugement lui-même. Il n'en est rien. Sans doute, le jugement emporte hypothèque par lui-même, mais non pas comme l'entendait l'ordonnance de Moulins que nous avons eu l'occasion d'étudier plus haut. Sous l'empire de la loi moderne, l'hypothèque n'a d'effet et ne prend rang, à l'égard des tiers, qu'au jour de l'inscription, inscription qui, selon l'art. 2134, doit être prise dans la forme et de la manière prescrite par la loi. Il n'y a donc aucune antinomie entre l'art. 2123 et notre art. 2148 qui indique les formalités à remplir pour que l'inscription soit valablement faite. — Qu'on ne dise pas que cette nécessité d'obtenir l'expédition du jugement, occasionne un retard fâcheux dans l'exercice d'un droit acquis. Tout le monde sait que le greffier peut, le jour

(1) Duranton, t. XX, n° 98.
(2) P. Pont. n° 942.

même de la reddition d'un jugement, en délivrer l'expédition. On pourrait d'ailleurs vaincre sa résistance ou sa négligence par une requête au président du tribunal.

La théorie que nous venons d'exposer, semble contredite par de nombreux arrêts (1) qui admettent la validité d'une inscription prise sans que le jugement ait été enregistré, signifié, même *expédié*. Or, nous le demandons, comment peut-on admettre qu'une inscription ait été prise sur la simple remise de la minute du jugement? La loi du 21 ventôse an VII, ne défend-elle pas expressément aux greffiers de faire, en aucun cas, remise des minutes, et de les laisser sortir de leur greffe? En second lieu, les arrêts précités n'ont pas absolument le sens qu'on leur prête. Ils se contentent de dire qu'une inscription prise avant la signification, et sans que l'expédition du jugement ait été produite au conservateur, n'est nullement annulable (2). Or, nous n'avons pas dit le contraire; la production du titre n'est pas une formalité substantielle. Si donc, un conservateur, confiant en la parole du requérant et en sa bonne foi, consent à inscrire, sans représentation de titre, une pareille inscription est parfaitement valable. Si plus tard, le titre ne peut être produit et que l'hypothèque soit reconnue imaginaire, le prétendu débiteur qui aura eu à souffrir d'une pareille inscription, aura simplement un recours contre le conservateur.

---

(1) Riom, 6 mai 1809. — Rouen, 7 décembre 1812. — C. Cass., 29 nov. 1824. — Toulouse, 27 mai 1830; rej., 10 juin 1833. — Rouen, 27 mai 1834. — Paris, 23 juillet 1840.

(2) C. de Cass. 14 avril 1807. — Liége, 17 nov. 1810. — C. de Cass., 18 juin 1823. — 10 juin 1833.

SECTION II.

Remise des bordereaux.

La représentation du titre doit être accompagnée de la remise de deux bordereaux écrits sur papier timbré, mais dont l'un pourtant peut être porté sur l'expédition du titre. Ces bordereaux sont le résumé des clauses constitutives de l'hypothèque fait par l'inscrivant lui-même et que le conservateur doit fidèlement reproduire sur ses registres; en un mot, ils sont le type même de l'inscription. — On comprend le motif qui a décidé le législateur à confier la rédaction de ces bordereaux à l'inscrivant. Nul mieux que celui-ci ne connaît les diverses conditions de son droit d'hypothèque; nul mieux que lui ne peut résumer d'une façon précise les énonciations contenues dans le titre. Sans doute, la simple production du titre mettait le conservateur dans la possibilité de faire cet extrait, mais c'était aggraver outre mesure ses chances de responsabilité que de l'obliger à rechercher dans un titre, parfois diffus et obscur, les dispositions propres à opérer une inscription régulière. Pour augmenter encore sa sécurité, une instruction ministérielle de date récente (1), tout en lui permettant d'en intervertir l'ordre, s'il y a lieu, pour la clarté des écritures et la facilité des recherches, lui a enjoint de les transcrire *textuellement* sur ses registes, et de copier *en entier* les les bordereaux. Elle a, sur ce point, réduit son ministère à un rôle purement passif. — Lorsque le contenu des bordereaux a été copié sur les registres, le conservateur

(1) Instr., n° 2309. — 15 avril 1865.

remet à l'inscrivant, avec le titre, l'un des bordereaux au bas duquel il certifie avoir fait l'inscription, et il garde l'autre.

L'utilité de ces deux bordereaux, et l'intérêt pour l'inscrivant et pour le conservateur de rester nantis l'un et l'autre, d'un titre probant sont manifestes. Grâce à ce titre, si l'inscription contenait quelques irrégularités capables de l'annuler, le conservateur pourrait d'un côté échapper au recours que le créancier voudrait exercer contre lui, en prouvant que son registre est conforme au bordereau, et de son côté, le créancier pourrait justifier que l'irrégularité de son inscription ne provient que de la négligence du conservateur.

Ces bordereaux doivent-ils être signés de la partie qui les remet au conservateur? L'art. 2148 garde le silence sur ce point. Toutefois l'induction que la plupart des auteurs ont cru devoir tirer du silence de la loi, ne nous semblerait pas suffisamment concluante, si d'autres motifs ne nous déterminaient pour la négative. Car il est bien d'autres cas où la loi, tout en s'occupant de formalités à remplir et de règles à suivre, ne descend pas aux moindres détails, entre autres à exiger la signature des parties. — Le motif qui nous a décidé, est plus grave. Si nous croyons qu'il n'y a pas lieu d'exiger la signature des bordereaux, c'est que cette signature est absolument inutile. Et tout d'abord, nous n'avons pas à craindre que l'inscription soit requise dans le but de porter atteinte au crédit d'un tiers ; la production du titre qui doit accompagner la remise des bordereaux, préserve les tiers de ce danger. En second lieu, les bordereaux, comme nous le disions plus haut, sont deux actes qui lient uniquement le conservateur et l'inscrivant, et qui sont faits dans leur intérêt réciproque. Voyons par conséquent si, à leur égard, la signature du requérant peut être de quelque utilité. Il est d'abord évident que le certificat apposé par le conservateur au bas du bordereau remis au requérant, met ce dernier dans l'impossibilité de rien changer au contenu du bordereau. Quant au bordereau qui reste au bureau de la conservation, il est impossible que le conservateur en modifie la teneur; le simple rapprochement de cette pièce avec celle qui est remise à la partie, fournirait la preuve de sa fraude. — Ces raisons avaient échappé aux membres de la commission instituée en 1840 par le garde des sceaux. M. Persil (1), dans son rapport faisait remarquer l'inutilité du bordereau gardé par le conservateur, et demandait que la remise d'un seul bordereau par la partie fût désormais suffisante. Mais le conseil d'Etat repoussa avec raison cette réforme qui oterait au conservateur toute sa garantie (2).

La remise des bordereaux, est-elle une formalité essentielle de l'inscription ? En d'autres termes, devrait-on déclarer nulle une inscription prise sans que des bordereaux aient été déposés? — Notre réponse est, on le devine, la même que précédemment, lorsque nous discutions le point de savoir si la production du titre était une formalité substantielle et nécessaire à la validité de l'inscription. Du moment que nous admettons que les deux formalités, prescrites par le § 1er de l'art. 2148, ont pour but de mettre à l'abri la responsabilité du conservateur, de lui garantir que l'inscription n'a pas pour base un acte supposé et qu'elle contient bien toutes les énonciations propres à assurer la publicité de l'hypothèque, nous devons en conclure qu'il peut, *en droit*, se passer de la remise du titre des bordereaux et inscrire directement sur son registre le droit à conserver.

Les tiers qui veulent connaître la situation hypothécaire d'un particulier, ne consultent que le régistre des inscriptions et n'ont pas à se préoccuper si la déposition

---

(1) Persil, Rapport, pag. 167.
(2) Béthmont, Rapport, pag. 110. — Contrà, Baudot, § 321.

du titre et des bordereaux a été faite. L'inscription fait foi par elle-même ; on ne juge de sa validité que par le contenu des registres (1). Cette distinction est parfaitement mise en lumière par un arrêt de la Cour de Cassation du 13 juillet 1841 : « L'art. 2134, en déclarant que les hypothèques conventionnelles n'ont de rang que du jour de l'inscription prise par le créancier dans la forme et de la manière prescrites par la loi, n'a évidemment entendu indiquer que les *formes constitutives* de l'inscription, c'est-à-dire celles qui, aux termes de l'art. 2148, sont destinées à faire connaître aux tiers le créancier inscrit, le débiteur sur lequel elle est prise, les causes de l'inscription et les biens qui sont grevés d'hypothèque..... La présentation des bordereaux n'a été exigée que dans l'intérêt respectif du conservateur et des créanciers ; il n'est fait dans l'inscription aucune mention de cette présentation, et c'est l'inscription seule que l'on peut opposer aux tiers et que ceux-ci peuvent critiquer. »

Toutefois, objecte-t-on, l'art. 2200 prescrit expressément aux conservateurs de tenir un registre sur lequel ils inscriront jour par jour et par ordre numérique les remises qui leur seront faites de bordereaux pour être inscrits, et de n'inscrire ces bordereaux sur les registres à ce destinés qu'à la date et dans l'ordre des remises qui leur en auront été faites. Mais la sanction même attachée à l'exécution de cet article nous indique clairement l'esprit de la loi. La loi ne dit pas que l'inscription faite en violation de sa volonté sera nulle, mais elle punit d'une amende de 200 à 1000 fr. le conservateur qui a contrevenu une première fois à ses prescriptions, et de la destitution le conservateur récidiviste. Ce registre des dépôts ne doit donc être considéré que comme un simple registre de manutention. On comprend aisément que la multiplicité des

---

(1) Contrà, Tarrible, Rep. V° Inscript. hyp., § 5, n° 7. — Baudot, n° 210.

affaires met le conservateur dans l'impossibilité d'accéder à toutes les réquisitions d'inscription, au fur et à mesure qu'elles lui sont faites. Il est rare que dans une conservation, même de minime importance, le régistre des inscriptions soit tenue à jour. La plupart du temps, il existe un retard de trois, quatre jours et même plus. Ainsi les inscriptions requises le premier jour du mois, ne sont souvent prises que le huitième. Or, le requérant ne pouvait souffrir de ce retard ; son inscription devait être prise au jour même de sa réquisition. Il a donc fallu trouver un moyen pratique de constater le jour même ces réquisitions, quelque nombreuses qu'elles fussent. Ce but a été atteint par la tenue du registre des dépôts. — Mais on méconnaîtrait le vœu du législateur, si l'on exagérait l'importance de ce registre. Ce n'est point lui qui donne une date certaine et irrévocable à l'inscription, mais bien l'inscription elle-même, telle qu'elle est faite et datée sur le registre. — En un mot, la validité ou la nullité de l'inscription ne saurait résulter que de son contenu.

Il arrive souvent que par un acte commun plusieurs débiteurs s'obligent envers une même personne, ou bien qu'un même individu se reconnaisse débiteur envers plusieurs personnes distinctes et séparées. Le conservateur peut-il dans ces deux cas, exiger la remise d'autant de bordereaux en double qu'il y a de débiteurs ou de créanciers? — Deux décisions ministérielles, qui longtemps ont servi de guide aux conservateurs, l'une du 16 floréal an VII, l'autre du 6 décembre 1822, avaient cru devoir établir une distinction : elles admettaient qu'un bordereau collectif suffisait, quel que fût le nombre des débiteurs ou des créanciers, s'il y avait obligation solidaire ou unité de créances ; sinon, il fallait autant de bordereaux en double qu'il y avait de dettes solidaires ou de créances distinctes et séparées. On comprend, en effet, que, dans ce dernier cas, une inscription collective jetterait de la confusion dans la manutention hypothécaire, et obligerait le conservateur, qui voudrait mettre sa responsabilité à couvert, à faire un travail de dépouillement et de rédaction dont la loi, comme nous l'avons vu ci-dessus, a voulu lui éviter les dangers (1). Toutefois cette théorie a été vivement critiquée par la généralité des auteurs et formellement condamnée par la jurisprudence (2). Il faut reconnaître, en effet, que l'art. 2148 ne distingue point; qu'en autorisant de porter l'un des bordereaux sur l'expédition même du titre, il suppose établie la faculté de requérir des inscriptions collectives par des bordereaux collectifs, puisque le titre peut contenir des chefs distincts et créer divers droits d'hypothèque (3).

L'art. 2 de la loi du 9 ventôse an VII décide en outre qu'il ne sera payé qu'un seul droit d'inscription pour chaque créance, quel que soit d'ailleurs le nombre des créanciers requérants et celui des débiteurs grevés. Cette disposition, reproduite par le décret du 21 septembre 1810, donne raison à la théorie de la Cour de cassation, et nous croyons qu'un conservateur devrait s'y conformer.

Remarquons, en terminant, que la formalité de la production des bordereaux est prescrite pour les hypothèques tant légales que judiciaires et conventionnelles (article 2153).

(1) Troplong, tome III, n° 694. — Baudot, n° 580.
(2) Cour de Besançon, 10 nov. 1839. — C. de Cass. 17 décembre 1845.
(3) P. Pont., n° 983.

CHAPITRE V.

Enonciation que l'inscription doit contenir.

Section Ire

Désignation du Créancier et du Débiteur.

L'inscription doit faire connaître la personne du créancier et celle du débiteur. La loi exige l'indication de leurs noms, prénoms et profession. Cette disposition de l'art. 2148 n'ayant pour but que de constater suffisamment leur individualité, une inscription ne devrait pas être annulée pour une erreur commise dans l'une de ces énonciations, si du reste le créancier et le débiteur se trouvaient suffisamment désignés.

Cette règle s'applique sans conteste à l'égard du débiteur, puisque le § 2, de notre article, prévoit le cas et le résout Il exige une désignation individuelle et spéciale, telle que le conservateur puisse reconnaître et distinguer dans tous les cas l'individu grevé d'hypothèques.

Comme la loi ne parle dans notre paragraphe que du débiteur, quelques auteurs ont prétendu que l'indication des noms et prénoms du créancier était dans tous les cas obligatoire, et qu'une indication erronée emporterait nullité de l'inscription. Il est juste, ont dit ces auteurs à l'appui de leur système, que la loi se montre plus sévère à l'égard de la désignation du créancier. Ne pouvant ignorer ses nom, prénom et profession, ce dernier ne peut imputer qu'à lui-même l'omission de cette formalité, tandis qu'il peut se trouver relativement au débiteur dans l'impossibilité de s'assurer de ses noms et profession. — La Cour de cassation avait dans le principe admis cette opinion, même dans le cas où l'irrégularité n'avait causé de préjudice à personne (1). Mais elle a bientôt senti l'excessive rigueur de cette théorie, et elle l'a abandonnée (2). Depuis, à son exemple, la jurisprudence des cours est unanime pour n'exiger qu'une désignation du créancier suffisante pour constater son individualité (3). — Lors donc que le créancier s'est trouvé désigné d'une façon certaine, lorsqu'il est prouvé que le tiers acquéreur ne s'est nullement mépris sur l'individualité du créancier, l'inscription ne saurait être annulée.

En vertu de ce principe il faut reconnaître comme bien jugée une espèce dans laquelle le créancier inscrivant avait pris un nom, qui n'était pas réellement le sien, mais sous lequel il était connu dans la société, qu'il prenait dans tous ses actes, et qu'il avait notamment pris dans l'obligation d'où résulta l'hypothèque (4).

Quand une inscription est prise au nom d'une administration, soit par le préfet du département, soit par un receveur, une erreur dans les noms et prénoms de ces derniers ne rendrait pas l'inscription nulle, puisqu'en fait ils ne sont pas eux-mêmes créanciers. La nature de la créance fait assez connaître qu'ils n'agissent que comme délégués du trésor public. Il suffira donc que l'administration pour laquelle ils incrivent, soit suffisamment désignée (5).

De même une inscription prise au nom d'une société de

---

(1) C. de Cass., Rejet, 8 sept. 1807.

(2) C. de Cass., 15 mai 1809. — 1er octobre 1810.

(3) Rennes, 12 mars 1811. — Besançon, 4 août 1812. — Agen, 5 janvier 1810. — C. de Cass., 15 février 1810.

(4) Douai, 31 mars 1809. — C. Cass. Rej., 5 juin 1811.

(5) C. de Cass., 27 nov. 1810. — Colmar, 25 avril 1817.

commerce, n'a pas besoin d'énoncer les prénoms des associés (3).

Peut-on prendre inscription au nom d'une succession encore indivise du créancier décédé, ou bien cette inscription doit-elle contenir les noms, prénoms et professions de chaque héritier ? — Les partisans de cette dernière opinion s'attachent à l'art. 2149, pour en tirer un argument *a contrario*. L'art. 2149, disent-ils, permet de s'inscrire sur les biens d'une personne décédée sur la simple énonciation du défunt. Cet article fait donc exception à la règle générale de l'art. 2148, § 2, qui exige l'énonciation de chaque débiteur, c'est-à-dire dans l'espèce, de chaque héritier. Comme toute exception, l'art. 2149 doit être restreint au cas prévu par le législateur. En ne dispensant des formalités ordinaires que dans le cas du décès du débiteur, le législateur fait clairement entendre que ces formalités sont de rigueur dans le cas du décès du créancier : *qui de uno dicit, de altero negat*.

Cette solution a été vivement contestée et repoussée par la Cour de cassation. Il est d'abord évident qu'une inscription peut être prise sous le nom d'un créancier décédé, et qu'elle doit profiter à ceux qui le représentent, ni plus ni moins que s'ils y étaient désignés individuellement. Ce point admis, pourquoi repousser la même solution dans le cas où l'inscription est prise sous le nom collectif des héritiers, sous le nom abstrait de la succession d'un créancier, désigné par ses nom, prénom et profession ? Les deux cas sont presque identiques. Dans les deux, le défunt est désigné selon les dispositions de l'art. 2148, § 2. La seule différence est que dans le second, on a fait mention des héritiers du défunt. Or, nous le demandons, ce fait peut-il annuler l'inscription ? La mention, nous le voulons bien, est sura-

---

(1) C. de Cass., 1er mars 1810.

bondante ; mais la maxime, *non vitiat quod abundat*, nous empêche de prononcer la nullité de l'inscription du notre seconde espèce, puisqu'il est admis que l'inscription aurait pu être prise sous le nom personnel du créancier, et bénéficier par suite à ses héritiers.

Telle est la vraie pensée de la loi, expliquée par la raison et par la jurisprudence. Nos adversaires, en argumentant de l'art. 2149, l'ont mal compris. Quant un créancier, au nom duquel un immeuble est frappé d'hypothèque, vient à mourir, il importe peu que le public connaisse les héritiers. L'hypothèque qui frappe l'immeuble, l'avertit suffisamment de ce qu'il doit savoir. Quand c'est le débiteur qui vient à mourir, l'intérêt est tout autre ; et à première vue, il semble nécessaire que l'inscription hypothécaire se trouve prise au nom des héritiers du débiteur. Si en effet, l'inscription n'est point prise en leur nom, il arrivera que le conservateur pourra donner sur le compte de ces derniers des états d'inscription négatifs, alors qu'en réalité, la propriété qu'ils tiennent du défunt, se trouve grevée d'hypothèque. Si donc la loi ne s'était pas expliquée à cet égard, la solution que nous venons de donner, semblerait la plus juste et la plus naturelle. Or, cette solution, à d'autres points de vue, serait très dangereuse. Supposons que le créancier du défunt n'ait pas fait inscrire son titre. Si la loi l'oblige, à dater de la mort du défunt, à faire inscrire sous le nom des héritiers, il arrivera dans la pratique que cette inscription ne sera possible qu'au jour où les héritiers se feront connaître. Si maintenant nous supposons deux ou plusieurs créanciers, il arrivera que tel créancier mieux renseigné pourra primer tel autre créancier dont les droits étaient antérieurs et auquel on ne peut nullement reprocher son ignorance. C'est pour obvier à ce danger que la loi, dans l'art. 2149, choisissant entre deux maux le moindre, a décidé qu'une inscription pourrait être prise sur les biens d'une personne décédée, en énonçant simplement le nom du défunt.

Et maintenant, l'art. 2149 expliqué et mieux compris, loin d'admettre l'argument *a contrario* de nos adversaires, nous en ferons un argument *a fortiori*, et nous dirons ; puisque dans le cas du décès du débiteur, où de graves inconvénients semblaient devoir défendre de prendre inscription sous son nom, la loi l'a décidé affirmativement, *a fortiori*, dans le cas du décès du créancier, les héritiers pourront s'inscrire sous le nom collectif de la succession.

Notre solution semble faire naitre une difficulté. Si l'inscription est prise sous le nom du créancier décédé, à qui s'adresseront les débiteurs qui voudront acquitter leur dette? Ils ne connaissent pas les héritiers, puisque l'inscription ne les désigne pas. — Nous répondons : à qui s'adresseront-ils, dans le cas où le défunt s'était fait inscrire de son vivant, et a laissé des héritiers que les débiteurs ne connaissent pas? Il est certain qu'il leur sera quelquefois difficile de connaître ces héritiers. Mais l'inscription n'a pas pour but de leur donner cette connaissance. Elle doit simplement avertir les tiers que tel immeuble est grevé d'hypothèque ; et les débiteurs ne peuvent se plaindre de n'y pas trouver les indications nécessaires pour faire des offres réelles à ceux qui l'ont prise ou pour qui elle est prise.

La règle, que nous venons d'établir, cesserait d'être applicable, si le partage de la succession avait eu lieu. C'est au nom de l'héritier, dans le lot duquel est tombée la créance, que l'inscription devrait être prise. Il n'y a plus en effet, après le partage, que des intérêts individuels, qui doivent être régis par la règle générale. Même dans ce cas, l'inscrivant n'est point tenu d'énoncer sa qualité d'héritier. La mention de la date et de la nature de son titre supplée à cette énonciation (1).

(1) Persil, 2148. § 1. — Req. 14 août 1811.

Section II.

Désignation du domicile.

L'art. 2148 exige de la part du créancier inscrivant la double mention de son domicile réel, et d'un domicile élu dans un lieu quelconque de l'arrondissement du bureau des hypothèques. Quels sont les motifs qui ont dicté ces deux prescriptions ? Il est d'abord certain que l'élection d'un domicile dans l'arrondissement a été prescrite au créancier dans son propre intérêt. C'est à ce domicile proche et facile à connaître que lui seront faites les notifications, lorsqu'il s'agira d'obtenir, soit la mainlevée des hypothèques, soit la purge de celles-ci, dans les cas de vente volontaire ou de poursuite en expropriation forcée. La facilité avec la quelle la loi autorise le créancier de rectifier l'élection d'un domicile, par acte subséquent, sans qu'il soit nécessaire de renouveler l'inscription, nous indique clairement qu'elle ne fait pas de cette formalité une formalité essentielle et intrinsèque, dont l'inobservation doive entraîner la nullité de l'inscription. La seule sanction de la loi sera précisément dans la perte pour le créancier des avantages que lui aurait donnés l'observation de notre article. Ainsi, s'il n'y a point d'élection de domicile, les notifications des art. 2156 et 2183 du C. N., et des art. 692 et 753 du C. de pr. c., ne pourront pas être faites au créancier. Celui-ci se trouvera exposé à ignorer que le gage a été réalisé entre les autres créanciers et par suite à perdre sa part.

L'énonciation du domicile réel est également exigée dans l'intérêt du créancier. L'art. 548 du C. de pr. c. nous révèle cet intérêt. Quant au public, que lui importe le domicile réel du créancier? Il n'a qu'une chose à savoir, c'est que tel immeuble est grevé d'hypothèques. Aussi la plupart des auteurs (1) sont-ils d'avis que le défaut de mention de domicile réel ne devrait pas vicier l'inscription qui désignerait d'une façon suffisante d'ailleurs la personne du créancier.

Nous avons dit qu'en l'absence de domicile, soit réel, soit élu, les tiers créanciers ou détenteurs seraient dispensés de notifier au créancier la vente de son gage et la distribution du prix. Cette solution que la généralité des auteurs accepte, et à laquelle conduit forcément la pratique, n'enlève pas toutefois au créancier le droit de se présenter spontanément, et de produire lors de l'ouverture de l'ordre (2).

Cette doctrine, quoique généralement admise, a toutefois trouvé des contradicteurs. M. Persil, par exemple, voit dans l'énonciation du domicile réel autre chose qu'un moyen propre à faire reconnaître le créancier. La loi a voulu faciliter l'exécution des jugements obtenus contre le créancier, exécution à laquelle il serait impossible de se livrer, si l'on ignorait le domicile réel du dit créancier. Si même elle a exigé la mention du domicile réel et celle d'un domicile élu, cette double mention a sa raison d'être, et s'explique aisément. En effet, d'après l'art. 2156 C. N., toutes les demandes, significations et poursuites antérieures au jugement doivent être faites au domicile élu par le créancier. Dès que le procès est jugé, dès qu'il s'agit de l'exécution de la sentence, c'est au domicile réel que la signification doit avoir lieu (C. pr. c., 140 et 548.) On comprend dès lors qu'il importe beaucoup aux tiers de

(1) P. Pont, Tr. des hyp., n° 970. — Zachariæ, t. II, p. 171, note 4. — Troplong, n° 629.

(2) Tarrible, Insc. hyp., § 5. — Troplong, n° 679. — Battur, n° 435.

connaître ces deux domiciles, et le seul moyen pour eux de les connaître est de les trouver désignés dans l'inscription. D'où l'on conclut que leur mention est une formalité essentielle de l'inscription, à défaut de laquelle la publicité serait incomplète (1).

Cette opinion qui s'appuie sur des textes, est si rigoureuse dans ses conséquences, qu'elle nous semble inadmissible. Sans doute, il est plus commode pour les tiers de connaître par l'inscription elle-même le domicile du créancier, mais pour leur procurer un léger avantage, on anéantit un droit infiniment précieux, celui du créancier inscrivant.

Section III.

Date et nature du titre.

L'utilité de cette double énonciation, qui porte à la connaissance des tiers l'époque exacte à laquelle remonte le titre constitutif de l'hypothèque et les éclaire sur la nature du droit qui appartient au créancier, a été niée par de nombreux auteurs (2). Faisant de l'intérêt des tiers le critérium de la validité de l'inscription, ces auteurs ont recherché si l'omission des formalités qui nous occupent pouvait porter préjudice à quelqu'un. Ne suffit-il pas aux créanciers de savoir qu'il existe un titre qui les prime et qu'ils ne viennent qu'au second rang? Or, l'inscription les prévient que les biens du débiteur sont déjà grevés : c'est cette inscription et non la date du titre qui décide leur

(1) Persil. — Solon, n° 362.

(2) Touillier, t. VII, n° 510. — Troplong, n° 682. — Grenier, n° 77. — P. Pont, n° 984,

rang hypothécaire. Ont-ils intérêt à prendre communication de la nature et de la date du titre, pour savoir si le titre est bon et s'il n'est pas prescrit? Mais lorsque toutes les inscriptions viendront à l'ordre et que, le gage étant réalisé, il s'agira d'en distribuer le prix, la production sera, nous le savons, nécessaire; ce n'est que sur cette production que seront réglés les droits hypothécaires des co-créanciers; or, il sera temps alors d'en discuter la nature et la date.

Ces raisons ont pu séduire quelques esprits. Toutefois, elles ne nous semblent pas suffisantes pour permettre une violation flagrante de la loi. Nous trouvons, au contraire, qu'il importe très souvent aux tiers de connaitre la nature et la date du titre, en vertu duquel un créancier s'est inscrit. La mention de la date leur permet de savoir si, à l'époque où le contrat a été passé, l'hypothèque n'était pas annulable comme consentie en minorité. La mention de la nature du titre leur apprend si la créance est privilégiée ou simplement hypothécaire, si elle se rattache à une rente viagère dont le capital n'est jamais remboursable, ou si elle a pour objet un droit éventuel, susceptible de ne jamais se réaliser; si, enfin, la créance dérive d'un jugement, et, par conséquent, si elle s'étend à tous les biens présents et futurs du débiteur, ou bien si la clause de généralité qui y a été ajoutée n'est qu'une clause de style insérée sans droit par le notaire qui l'a reçue et a dressé le bordereau d'inscription (1).

Dire qu'il importe peu aux tiers de pouvoir vérifier sur l'inscription même la légitimité du titre inscrit, puisque cette vérification aura lieu lors de l'ouverture de l'ordre, c'est là un argument fort peu concluant. L'intérêt bien compris du débiteur lui-même doit le faire rejeter. En

(1) Tarrible. V° Inscr. hyp., § 5, n° 10. — Merlin. — Persil. — Zachariæ, t. II, p. 172.

effet, l'incertitude où l'on tient les tiers sur la validité d'une inscription, qui peut-être est prise sans droit, diminue considérablement son crédit. La mention de nos formalités offre, au contraire, aux tiers et au débiteur un moyen facile de déjouer la mauvaise foi.

La jurisprudence a beaucoup varié dans ses décisions. Toutefois, la règle qui l'a guidée, surtout dans les premiers temps, et qu'elle n'aurait pas dû abandonner, ce nous semble, est la suivante : Lorsque la loi prend la peine d'indiquer les formalités d'un acte juridique, qu'elle fait dépendre l'existence de cet acte de leur emploi, l'inaccomplissement de ces formalités doit suffire pour entraîner l'annulation de cet acte. Il importe peu que le créancier intéressé, qui invoque la nullité, ait eu une connaissance indirecte de la date de l'hypothèque. Le bordereau lui-même ne peut suppléer à l'inscription (1).

Plus tard, la jurisprudence se relâche de cette rigueur. Elle admet peu à peu le système des équipollents, et elle se contente d'indications équivalentes qui toutefois soient assez claires pour que les tiers ne puissent être induits en erreur (2).

A l'égard de la mention de la nature du titre, reconnaissons que la jurisprudence, même dès le principe, se montre moins sévère qu'à l'égard de la mention de la date. Nous ne connaissons pas d'arrêt qui ait cassé une inscription pour omission de la nature du titre. Au contraire, plusieurs arrêts admettent que cette énonciation n'est pas une formalité essentielle de l'inscription (3).

Quelques cours (4) allant même plus loin, crurent devoir

---

(1) Cassation, 22 av. 1807, 4 av. 1810, 11 nov. 1811, 8 oct. 1812, 11 mars 1816, 5 fév. 1819. 12 déc. 1821, 19 juin 1833, 30 mai 1845.

(2) Nîmes, 25 juin 1829.

(3) C. Cass., 11 mars 1816, 5 fév. 1819, 12 déc. 1821, 7 mai 1825, 19 juin 1833, 30 mai 1845.

(4) Bordeaux, 14 août 1836. — Toulouse, 9 août 1844. — Lyon, 20 juillet 1847.

admettre en principe que l'omission de la nature et de la date du titre ne devait faire tomber l'inscription, que dans le cas où cette omission aurait occasionné un préjudice aux tiers. Or, nous l'avons dit, en notre matière, ce principe est faux et dangereux. Ne juger de l'utilité d'une formalité que par les résultats plus ou moins fâcheux que son accomplissement ou son omission a procurés, c'est substituer aux dispositions formelles de la loi, des considérations d'équité. Ce procédé est essentiellement antijuridique.

Aussi, semble-t-il avoir été abandonné dans ces derniers temps, et avec raison (1). Le principe qui régit la jurisprudence actuelle, peut se résumer en ces termes: l'absence de l'indication de la nature et de la date du titre n'entraîne la nullité de l'inscription que si cette absence est absolue, et s'il est impossible aux tiers de déduire ces indications du contenu de l'inscription. Nous croyons que réduite à ces derniers termes, la jurisprudence concilie, autant qu'il lui est permis de le faire, les principes d'équité avec les rigueurs de la loi, et qu'elle irait au delà d'une juste mesure, en se montrant plus large à l'égard du créancier inscrivant.

Devrait-on considérer comme omise la mention de la nature du titre, si l'inscription se contentait d'indiquer le notaire devant lequel l'acte a été passé. Quelques cours et même la Cour de Cassation s'étaient décidées pour la négative. Or, une pareille proposition ne saurait résister à une critique sérieuse. — D'abord, au point de vue pratique, il n'est pas juste d'admettre comme suffisante l'indication du notaire qui a passé l'acte, et comme faciles les renseignements qu'on peut prendre auprès de ce fonctionnaire. Un notaire n'est point tenu de donner communication des titres dont il n'est que le dépositaire. La loi du 25 ventôse

---

(1) Montpellier, 27 juin 1846. — C. Cass., 2 mars 1855.

an XI, art. 23, lui défend même de délivrer expédition ou de donner connaissance des actes à d'autres qu'aux personnes intéressées en nom direct, héritiers ou ayants-cause. — D'ailleurs, les registres des conservateurs ont été organisés pour porter à la connaissance des tiers les renseignements nécessaires à bien établir la solvabilité d'un débiteur, et, comme le disait l'orateur du gouvernement dans l'exposé des motifs de notre loi, « le bordereau d'inscription doit contenir tous les documents dont le public a besoin. » Or, il serait dérisoire de forcer les personnes qui requièrent un état d'inscription, d'aller chez un notaire prendre ces renseignements que le registre du conservateur doit leur donner. Un pareil raisonnement pourrait être fait à propos de toutes les formalités exigées par la loi dans l'inscription, et en poussant le principe à l'extrême, on arriverait à des inscriptions qui ne contiendraient d'autre énonciation qu'un simple renvoi à la minute de tel notaire, proposition que nul n'oserait soutenir.

Remarquons qu'il ne faut pas confondre le titre constitutif de l'hypothèque avec l'acte qui crée l'obligation. Ce n'est qu'à l'égard du titre constitutif d'hypothèque que la loi prononce la nullité de l'inscription qui n'en contiendrait absolument ni la nature, ni la date. D'où il résulte que si la constitution d'hypothèque a été consentie postérieurement à l'acte qui crée l'obligation, ce n'est que la date du titre constitutif qui doit être énoncée (1).

En vertu de ce principe, le titulaire d'une créance, acquise par parties de divers individus, n'aurait pas besoin de mentionner dans l'inscription les divers titres qui lui ont acquis la totalité de la créance (2). Il lui suffirait d'indiquer la date unique du titre qui a constitué l'hypothèque. — De même, si la créance résultait d'un acte notarié,

---

(1) Persil, Reg. hyp., art. 2148.

(2) Paris, 26 mars 1805. — Req., 2 fév. 1810.

portant titre nouvel, il suffirait d'en indiquer la date, sans avoir besoin de relater le titre primitif; car, il importe fort peu aux tiers de savoir si l'inscription résulte d'un titre nouvel ou d'un titre primitif. La simple énonciation de l'acte notarié satisfait au vœu de la loi, puisque en réalité un acte notarié quelconque suffit à prendre inscription (1). — Toujours, comme conséquence de notre principe, nous déciderons que l'inscription prise sur les biens d'une caution, doit énoncer l'acte pas lequel la caution s'est obligée et a consenti l'hypothèque sur ses biens. L'énonciation du titre antérieur par lequel le débiteur principal s'est engagé à fournir caution, ne suffirait pas, et l'inscription devrait être déclarée nulle pour défaut de mention du véritable titre constitutif d'hypothèque (2).

Il est encore deux cas qui méritent d'être examinés. Nous voulons parler du cas de cession et de subrogation. — Une créance a été cédée avant d'être inscrite. D'autre part, en vertu de l'art. 1251 C. N., un créancier qui a payé une créance antérieure est subrogé de plein droit à l'hypothèque du créancier désintéressé. Dans ces deux cas, doit-on exiger du cessionnaire et du créancier subrogé qui prennent inscription en leur nom personnel, la double mention du titre qui a constitué l'hypothèque et celle de l'acte de cession ou de la subrogation? La loi n'a pas prévu le cas; il semble donc que l'énonciation du titre constitutif de l'hypothèque soit suffisante. La Cour suprême a même décidé la question dans ce sens (3). Elle voit dans l'acte de cession ou dans la subrogation des actes qui ne constituent nullement l'hypothèque, et par conséquent l'inscription qui ne les mentionne pas, ne peut sous aucun prétexte être annulée, si d'ailleurs

(1) Bruxelles, 28 janv. 1819.

(2) Colmar, 3 mai 1820. — Rej. 12 déc. 1821. — Bordeaux, 6 mai 1848.

(3) C. Cass., 7 oct. 1812.

toutes les dispositions de la loi ont été suivies. — Cette doctrine a été critiquée par M. Grenier (1), et peut-être avec raison. Toutefois, il serait peut-être téméraire d'annuler une inscription sur la seule omission de la double mention qu'exige l'auteur précité.

Remarquons que si le titre, insuffisant par lui-même, ne pouvait exister sans le concours d'une ratification, la double mention du titre primitif et de l'acte de ratification serait nécessaire. C'est une question fort grave et vivement controversée que celle de savoir si la ratification a son effet du jour où elle a lieu, ou si elle remonte retroactivement au jour de la constitution d'hypothèque, de telle sorte qu'elle puisse être opposée aux créanciers qui auraient acquis un droit réel sur l'immeuble, dans l'intervalle écoulée entre la cessation de l'incapacité du mineur, de l'interdit ou de la femme mariée, et le jour de la ratification. Mettons d'abord à l'écart, le cas de ratification tacite résultant de ce que l'incapable a laissé écouler dix ans depuis le jour où il a été relevé de son incapacité, sans intenter l'action en nullité ou en rescision qui lui appartenait. Il s'agit alors d'une prescription, et toute prescription accomplie agit avec effet rétroactif. Mais dans le cas de ratification expresse, les opinions les plus divergentes se sont produites. D'après celle qui domine en doctrine et en jurisprudence, la ratification consentie par l'ex-mineur ne peut avoir un effet rétroactif à l'encontre des droits des tiers (art. 1338 C. N.). Par suite, le créancier auquel hypothèque a été consentie depuis la majorité, mais avant la ratification, sera préférable à celui qui obtient cette ratification. — En sens inverse, on décide d'une manière absolue, que dans tous les cas, la ratification a un effet rétroactif à la date de l'acte rati-

(1) Grenier, Tr. des hyp., 1er vol. no 91.

fié (1). — Une opinion intermédiaire présente la distinction suivante : Si l'obligation hypothécaire consentie en minorité était rescindable, la ratification ne pourra préjudicier au droit des tiers intéressés à la faire rescinder, et qui pourront, en conséquence, proposer contre l'acte tous les moyens et exceptions que le mineur eût pu proposer lui-même, s'il n'eût pas ratifié. Si, au contraire, l'acte n'était pas rescindable dans l'intérêt du mineur, il ne l'est pas d'avantage dans l'intérêt des tiers, même de ses créanciers. La ratification n'a eu d'autre effet que de dispenser celui qui a traité avec le mineur de l'obligation de prouver que l'acte n'a pas préjudicié à ce dernier ; il sera toujours obligé de faire cette preuve à l'égard des tiers, mais s'il parvient à la faire, il en résultera que le mineur, même avant d'avoir ratifié, n'aurait pu demander la nullité de l'acte, et que par conséquent, les tiers quels qu'ils soient ne le peuvent pas davantage (2). Nous préférons l'opinion acceptée par la jurisprudence ; elle nous paraît plus conforme à l'esprit de l'art. 1338.

L'indication de la nature et de la date du titre n'est pas exigée pour les bordereaux tendant à l'inscription des hypothèques légales. Celles-ci existent sans titre écrit ; le titre est dans la loi elle-même. Toutefois, il est un cas où l'inscription quoique tendant à la conservation d'une hypothèque légale, doit, par un effet de la loi du 23 mars 1855 sur la transcription, mentionner, avec le montant de la créance dont nous parlerons bientôt, le titre même de cette créance ; c'est lorsque l'inscription a pour objet de conserver les droits résultant de la subrogation consentie par une femme mariée à l'hypothèque légale qu'elle a sur les biens de son mari. Avant la loi précitée, le créancier

---

(1) Toullier, t. 7, p. 505. — Zachariæ, t. II, p. 157. — Troplong, n° 987.

(2) Delvincourt, t. II, p. 815, notes. — Duranton, t. XIX, n° 344 et suivants.

subrogé n'avait pas à faire cette mention, bien que quelques auteurs aient émis l'avis contraire. Depuis cette loi, le créancier subrogé doit dans l'inscription ou la mention de la subrogation indiquer et son titre et le montant de la créance. La loi nouvelle fait de l'inscription de subrogation une condition essentielle de la transmission du droit hypothécaire. L'inscription ou la mention opère ainsi une sorte de saisine; elle est précisément, à cet égard, ce qu'est, dans les transports, la signification faite au débiteur. Et puisque la loi consacre cette saisine en principe, puisqu'elle entend que l'inscription où la mention de la subrogation rendra le cessionnaire propriétaire, même à l'égard des tiers, elle suppose donc que l'on portera à la connaissance de ces tiers, avec le montant de la créance cédée, le titre même du cessionnaire. — A part ce cas, répétons-le, l'énonciation du titre n'est requise que dans les bordereaux et les inscriptions ayant pour but la conservation des priviléges et des hypothèques judiciaires ou conventionnelles (1).

SECTION IV.

Montant de la créance et époque de l'exigibilité.

1° *Montant de la créance.* — Le bordereau d'inscription doit contenir « le montant du capital des créances exprimées dans le titre, ou évaluées par l'inscrivant, pour les rentes ou prestations, dans les cas où cette évaluation est ordonnée, comme aussi le montant des accessoires de ces capitaux et l'époque de l'exigibilité. » Cette énonciation du montant de la créance est de l'avis de tous les auteurs, une formalité vraiment substantielle, et qu'il importe avant tout au public de connaître. Toutefois la règle

(1) P. Pont, n° 980.

doit être bien comprise, et une simple inexactitude dans la mention qu'exige la loi, ne suffirait pas pour annuler l'inscription. Si en effet, la somme déclarée est inférieure au montant de la créance, l'hypothèque ne produira son effet que jusqu'à concurrence de la somme capitale déclarée. Si la somme est supérieure, une double voie sera ouverte pour amener la réduction de l'hypothèque, l'une au débiteur qui a tout intérêt à voir réduire la somme inscrite au vrai montant de la créance, pour rétablir d'autant son crédit; l'autre, aux créanciers, qui lors de la formation de l'ordre, ne laisseront colloquer le créancier en défaut que jusqu'à concurrence de ce qui lui revient, sans s'arrêter à la désignation faite dans l'inscription. — Mais dans aucun cas, ni le débiteur, ni les co-créanciers n'auraient le droit d'invoquer l'erreur de l'inscrivant et l'inexactitude de l'inscription pour en faire des motifs de nullité. Il n'y a en cette matière rien d'analogue à ce que le droit romain désignait sous le nom de *plus-petitio*.

La mention des accessoires de la créance, tels que les intérêts, les dépens, les dommages, est également prescrite sous peine de nullité, non pas, bien entendu, de l'inscription elle-même et de la créance qu'elle protége, mais sous peine de n'être pas garantis au créancier. Toutefois, le créancier qui les aura omis, pourra réparer son oubli par une nouvelle inscription, mais dont la date fixera le rang (1). La loi du 4 septembre 1807 n'autorise les rectifications que pour le défaut de mention de l'époque de l'exigibilité.

« Si la créance résultant de l'obligation, nous dit l'art. 2132, est conditionnelle pour son existence, ou indéterminée pour sa valeur, le créancier ne pourra requérir l'inscription que jusqu'à concurrence d'une valeur estimative, par lui déclarée expressément. » Par cette disposition, la loi reconnaît, une fois encore, qu'il ne peut y avoir

---

(1) Liége, 4 août 1810.

de vraie publicité sans une détermination précise du montant de la créance. — Remarquons seulement qu'en mettant sur le même pied les créances conditionnelles pour leur existence et indéterminées dans leur valeur, elle s'exprime mal. Sa disposition s'applique bien si la créance est indéterminée dans sa valeur; mais à l'égard d'une créance conditionnelle, dont l'existence est éventuelle, et dont la valeur est parfaitement déterminée, l'inscrivant n'a pas à faire d'évaluation, il n'a qu'à mentionner la condition à laquelle est subordonné son droit.

Jusqu'ici point de difficultés. Toutefois notre § 4 est le point de départ d'une grave controverse. Il exige l'évaluation par l'inscrivant des droits éventuels et indéterminés, *dans les cas où cette évaluation est ordonnée*. Or, quels sont précisément ces cas ? Il est d'abord évident que notre paragraphe se réfère positivement à l'art. 2132 et vise les droits éventuels et indéterminés qui résultent d'une obligation conventionnelle. Il n'est pas moins évident qu'en vertu de l'art. 2153, sont dispensées de l'évaluation toutes les créances éventuelles ou indéterminées de l'Etat, des communes et des établissements publics sur les comptables, des mineurs et des interdits sur leurs tuteurs, des femmes mariées sur leur époux, c'est-à-dire toutes les hypothèques auxquelles est attachée l'hypothèque légale, d'après l'art. 2121. Il n'est donc qu'une espèce d'hypothèque à l'égard de laquelle il puisse être mis en doute si l'évaluation est ou n'est pas nécessaire ; nous voulons parler de l'hypothèque qui résulte d'un jugement. La jurisprudence, sur ce point unanime, l'a toujours dispensée de cette évaluation par le motif que cette évaluation n'est formellement exigée que dans l'inscription des créances indeterminés et éventuelles, garanties par une hypothèque conventionnelle (2132). — Nous ne pouvons admettre cette solution acceptée par quelques auteurs (1).

(1) Duranton, t. XX, n° 116. — Troplong, n° 684.

Le principe essentiel, en matière hypothécaire, est la publicité. Mieux les charges qui grèvent un immeuble, sont portées à la connaissance du public, mieux le vœu de la loi est rempli. Les dispositions de l'art. 2148 sont donc, si l'on s'en tient à l'esprit de la loi, la vraie règle en matière d'inscription. Toute créance indéterminée doit être évaluée. — La tournure grammaticale de notre article semble, il est vrai, dire le contraire; en exigeant que l'évaluation soit faite dans les cas où cette évaluation est ordonnée, elle semble faire de l'évaluation l'exception, et autoriser ces paroles de M. Troplong : « L'évaluation ne doit avoir lieu que dans les cas où cette évaluation est ordonnée. Or, quand est-elle ordonnée? Dans un seul cas, celui des hypothèques conventionnelles (2132). Pour tous les autres cas, de deux choses l'une; ou la loi prononce une exception formelle, comme pour les hypothèques légales (2153), ou elle garde le silence; puisque l'hypothèque judiciaire n'est pas un des cas où cette évaluation n'est pas ordonnée, il faut en conclure que cette évaluation n'est pas nécessaire. » Mais cette théorie viole ouvertement l'esprit de la loi. Les principes généraux en matière hypothécaire sont trop favorables à l'indication précise du capital garanti par l'hypothèque pour ne pas donner aux termes de l'art. 2148, *dans les cas où cette évaluation est ordonnée*, ce sens auquel, du reste, ils se prêtent fort bien : l'évaluation ne sera pas faite dans les cas où la loi en aura dispensé. Cette doctrine professée par la généralité des auteurs, fait, contrairement à la théorie de la jurisprudence, de l'article 2148 la règle en matière d'évaluation et de l'art. 2153, l'exception.

Dira-t-on qu'à l'égard des hypothèques judiciaires, l'évaluation sera souvent impossible? Nous répondons que l'argument est peu fondé. Si ce n'est dans les cas de compte ou de dommages-intérêts non liquidés, cette évaluation sera faite aisément. Et même dans les deux cas précités, nous ne voyons pas la différence qui peut exister entre eux et le cas, où l'on aurait stipulé une hypothèque d'un mandataire pour la gestion qu'on lui aurait confiée de ses affaires. En quoi l'évaluation sera-t-elle plus difficile dans un cas que dans l'autre, que l'hypothèque émane de la convention ou du jugement de condamnation obtenu contre un débiteur? Les deux espèces sont identiques. Si donc l'évaluation est forcée dans le premier cas, rien n'empêche qu'elle ne puisse être faite dans le second.

Enfin, en faveur de notre système, M. P. Pont invoque un argument de textes qui mérite d'autant plus de figurer dans la discussion, que c'est précisément sur un argument de textes que nos adversaires appuient la théorie contraire. D'après cet auteur, si l'on n'applique les dispositions de l'art. 2148, § 4, qu'aux hypothèques conventionnelles de l'art. 2132, pourquoi la loi s'est-elle crue obligée d'indiquer expressément dans l'art. 2153, *in fine*, que les créances indéterminées, garanties par une hypothèque légale, seraient dispensées de toute évaluation? Cette solution ne résulterait-elle pas suffisamment de l'art. 2148, si cet article, conçu dans une pensée restrictive, avait eu pour but de poser la règle que nos adversaires admettent, et qui n'exige l'évaluation que dans les cas ordonnés par la loi? Il faudrait prêter au législateur de graves inadvertances pour admettre qu'il a introduit dans l'art. 2153 une disposition sans objet, complètement inutile.

La loi prescrit l'évaluation, non-seulement des droits indéterminés que nous venons d'indiquer, mais aussi des rentes et prestations. — S'il s'agit d'une prestation en nature, d'une rente en grains, par exemple, on comprend d'autant mieux la nécessité de l'évaluation en argent, que le prix des grains est une chose essentiellement variable, d'une année à l'autre. Le créancier qui voudra donc faire inscrire son droit, devra dans l'inscription, tant pour le capital que pour les arrérages de sa rente, les évaluer d'après les mercuriales du temps où il s'inscrit. C'est sur le pied de cette évaluation qu'il sera colloqué (1).

L'art. 2148 ne prévoit pas spécialement les divers cas de rente perpétuelle et de rente viagère; mais il nous sera facile de déduire les solutions, à l'aide du principe qui nous guide en cette matière. — S'il s'agit d'une rente perpétuelle, on comprend que l'évaluation du capital est fort peu utile, tant il est facile de le déterminer d'après la nature de la rente et le taux des arrérages annoncés par l'inscription. Il est présumé être, en effet, de vingt fois le taux de l'intérêt annuel. Nous croyons donc que l'absence d'évaluation ne saurait être un cas de nullité (2). — Notre solution est la même dans le cas de rente viagère. Sans doute il est bon d'énoncer le capital pour lequel l'on croit que la rente viagère peut être portée; mais, faire de cette évaluation une formalité dont l'absence entraînerait la nullité de l'inscription, serait un résultat inique, tant la connaissance des arrérages suffit pour déterminer le capital nécessaire à leur service, et fixer les tiers sur la solvabilité du débiteur.

II. *Exigibilité de la créance.* — Outre le montant ou l'évaluation du capital de la créance, la loi exige, dans notre même § 4, la mention de l'époque de son exigibilité. Cette mention semble inutile en présence de l'art. 2184 qui oblige le tiers-acquéreur à acquitter sur le champ et jusqu'à concurrence de son prix, les dettes et charges hypothécaires qui pèsent sur l'immeuble, sans distinguer si les dettes sont exigibles ou non. D'autre part, elle semble inutile aux tiers qui voudraient prêter sur l'immeuble,

---

(1) Liège, 26 août 1809. — Pau, 16 juin, 1832. — Riom. 18 janv. 1844. — Merlin, V° Inscr. hypoth., § 5, n° 11. — Troplong. — P. Pont.

(2) Merlin, *loc cit.* P. Pont, n° 990.

puisqu'ils doivent supposer, si l'époque de l'exigibilité ne se trouve pas consignée dans l'inscription, que la créance est dores et déjà exigible. — Dans le principe, la jurisprudence avait jugé dans ce sens la disposition du § 4 de notre article, et la pratique en était venue à ne plus accomplir la formalité qu'elle prescrit, lorsque parut la loi du 4 septembre 1807, qui, tout en jetant un voile sur les illégalités passées et tout en maintenant, en considération de l'erreur commune, les inscriptions auxquelles manquait la mention de l'époque de l'exigibilité, prescrivit (art. 1, 2, 3) la rectification dans les six mois des anciennes inscriptions; et par une conséquence naturelle décida virtuellement qu'à l'avenir l'art. 2148 § 4 serait exécuté dans toute sa rigueur.

Les motifs de cette loi sont faciles à comprendre. Il n'est pas vrai de dire que, sous l'empire de l'art. 2184, Code Napoléon, la connaissance de l'époque de l'exigibilité des créances soit toujours sans intérêt pour le tiers-acquéreur. Ainsi un acquéreur est assuré, par l'état d'inscription que lui a délivré le conservateur, que le montant des dettes n'atteint pas le prix de l'immeuble; il est assuré, d'après la moralité du vendeur, qu'il n'existe aucune autre dette antérieure au contrat; dans de pareilles circonstances, n'est-il pas évident que l'acquéreur voudra profiter des mêmes délais que le débiteur, et qu'il se gardera de faire aucune notification aux créanciers? Là est précisément l'intérêt de l'acquéreur, intérêt qui fera tourner au profit du débiteur la disposition qui nous occupe; la considération des délais a pu, en effet, faire hausser le prix donné par l'acquéreur.

D'un autre côté, intérêt pour les tiers qui veulent prêter sur l'immeuble. N'y a-t-il pas, en effet, une différence notable entre une créance exigible sur l'heure et une créance qui ne sera exigible que dans dix ans? Cette différence n'est-elle pas de nature à modifier la confiance et les dispositions d'un prêteur? Si la somme due n'est, par exemple, exigible que dans dix ans, ce dernier ne pourra-t-il pas stipuler un délai moindre, et s'assurer de la sorte le remboursement de sa créance avant le moment où la créance antérieure sera exigible?

Cette doctrine, qui résulte de la loi de 1807 et qui fait de la mention de l'exigibilité une formalité essentielle, dont l'omission doit emporter la nullité de l'inscription, a été admise par de nombreux auteurs, et appliquée dans de nombreux arrêts (1). L'erreur même a été assimilée à l'omission (2). Toutefois, quelques jurisconsultes, appliquant en cette matière de l'exigibilité le principe que nous leur avons vu trop souvent admettre, veulent faire dépendre le sort de l'inscription du dommage souffert. Si, par exemple, l'époque de l'exigibilité a été avancée, les tiers n'ont point à se plaindre, puisque la proximité de l'époque de l'exigibilité d'une créance antérieure ne les avait pas arrêtés. Si l'époque a été reculée, il suffira de réduire le droit de l'inscrivant fautif jusqu'à concurrence du dommage causé; ce dernier sera colloqué; on retranchera simplement de sa collocation le montant des intérêts courus du jour exact où sa créance est devenue exigible, jusqu'au jour erronément substitué par lui dans l'inscription (3). Nous ne pouvons admettre cette doctrine. L'art. 2 de la loi du 4 septembre 1807 lui est positivement contraire; il ne distingue nullement entre le cas d'une omission pure et simple et celui d'une inexactitude.

Mais nous admettons aisément, avec la jurisprudence que la mention de notre article, n'est soumise à aucun

---

(1) Duranton, t. XX, n° 126. — Tarrible. — Persil. — Baudot, n° 285. Hervieu, V° Insc. hypot., § 5, n° 1. — P. Pont. — C. Cass., 9 août 1832. 28 mars 1838; 10 avril 1840. 6 décembre 1844. 14 novembre 1852. — Nîmes, 28 novembre 1832. — Poitiers, 10 mars 1825. — Limoges, 8 mars 1844.

(2) Bourges, 20 nov. 1852.

(3) Grenier, n° 79. — Troplong, n° 685. — Req., 5 janv. 1814.

terme sacramentel. Ainsi seraient valables les inscriptions prises en vertu d'un jugement rendu par défaut et pour sûreté des condamnations prononcées, prises même en vertu d'un jugement contradictoire, lorsque les condamnations sont prononcées à raison d'effets de commerce protestés (1). Mais il en serait tout autrement d'une inscription prise en vertu d'un jugement dont on se contenterait d'énoncer la date (2). Car, s'il est vrai que les tribunaux ne peuvent condamner que pour une dette échue, un jugement peut très bien accorder des délais, et il importe aux tiers de les connaître. — En second lieu, les jugements qui prononcent des condamnations pécuniaires, même liquides, ne supposent pas nécessairement une créance exigible. N'est-il pas des cas où l'on peut obtenir une condamnation à raison d'une dette conditionnelle ou à terme? La demande est alors une mesure de précaution. Telle est, par exemple, la demande en reconnaissance d'écritures privées, autorisée par l'art. 193 du Code de procédure civile. — Il y a plus, la dette peut être échue et la condamnation à terme. Les juges ont toujours le droit, sauf en matière commerciale, à l'égard des lettres de change et des billets à ordre, d'accorder au débiteur malheureux des délais pour se libérer. — Enfin, les parties peuvent elles-mêmes stipuler en jugement une obligation à terme avec ou sans intérêts (3).

On a même prononcé la nullité d'une inscription dans laquelle on s'était contenté de mentionner que la créance était *liquide et due* (4).

Remarquons, en finissant, que la nature même des choses dispense les rentes, soit perpétuelles, soit viagère, de

---

(1) Ch. réun. rej. 6 déc. 1844. — Req. rej. 8 mars 1855. — Req. rej. 22 juillet 1812. — Rouen, 8 fév. 1851.

(2) Liège, 24 août 1809. — Nîmes, 28 nov. 1832. — Req., 9 août 1852.

(3) Rennes, 28 juin 1813.

(4) C. Cass., 15 janvier 1817.

la mention relative à l'époque de l'exigibilité du principal de cette rente. Il est en effet, de l'essence de la rente perpétuelle que le crédi-rentier n'en puisse exiger le remboursement. Quant à la rente viagère, nous savons que cette rente n'a pas de capital, et que même le défaut de payement des arrérages n'autorise pas le crédi-rentier d'en exiger le remboursement. Le bon sens indique que là où il n'y a point d'exigibilité, il est impossible d'en mentionner l'époque (1). Deux lettres circulaires des ministres de la justice et des finances (2) ont même déclaré expressément qu'il était inutile d'énoncer dans l'inscription que le capital d'une rente perpétuelle deviendrait exigible, conformément à l'art. 1912, C. N., si le débiteur laissait passer deux années sans payer les arrérages. Car en désignant la nature du titre, on l'a énoncé implicitement.

Plus sévères sur la question des arrérages, ces deux lettres circulaires exigent non-seulement la mention de ces arrérages, mais encore la mention de l'époque de leur échéance ou de leur exigibilité. Toutefois la jurisprudence ne s'est pas conformée à cette décision. Et en effet, ou l'on veut conserver des arrérages échus, et la seule déclaration que l'inscription est prise pour ces arrérages, tient lieu de l'énonciation de l'exigibilité; ou bien l'on a en vue des arrérages à échoir : dans ce cas la nature même de la rente indique suffisamment que l'exigibilité a lieu d'année en année. Du reste, comme le dit M. Delvincourt, annuler l'inscription pour les arrérages, ce serait en réalité l'annuler pour le capital, puisqu'il n'y a que les arrérages qui soient *in obligatione*. Le capital dans les rentes perpétuelles n'est qu'*in facultate solutionis*, et

---

(1) Merlin, V° Insc. hyp., § 5, n° 11,

(2) Lettres circulaires du ministre de la justice (21 juin 1808) du ministre des finances (3 juillet 1808).

les rentes viagères n'ont même point, à proprement parler, de capital (1).

SECTION V.

Indication de l'espèce et de la situation des biens.

La cinquième et dernière énonciation requise par l'art. 2148 est l'indication dans l'inscription de l'espèce et de la situation des biens sur lesquels le créancier entend conserver son hypothèque. Assurément cette énonciation est une des plus importantes. Elle constitue une formalité essentielle, puisqu'elle a pour but de faire connaître au public les immeubles hypothéqués. « Il n'y a d'hypothèque conventionnelle, nous dit l'art. 2129, que celle qui, soit dans le titre authentique constitutif de la créance, soit dans un acte authentique postérieur, déclare spécialement la nature et la situation de chaque bien actuellement appartenant au débiteur, et sur lequel il consent l'hypothèque. »

La spécialité, substituée à la généralité de l'hypothèque, est une des innovations les plus sérieuses apportées à la législation ancienne par la nouvelle. Toutefois, les rédacteurs du Code n'ont pas osé pousser le principe aussi loin que ne l'avait fait la loi de brumaire. Placés entre les dispositions de cette loi, communes à toutes les hypothèques légales, judiciaires et conventionnelles, et l'ancienne pratique, décidés peut-être par les raisons de Loyseau, peut-être par les difficultés que la loi de brumaire faisait pressentir au sujet du concours des hypothèques générales avec les hypothèques spéciales, ils se bornèrent à appli-

(1) Delvincourt, tome III, — Duranton, t. XX, n° 126. — Persil.

quer le principe de la spécialité aux hypothèques conventionnelles. — Ce ne fut même qu'à la Cour de cassation et à ses sages observations que nous devons les dispositions de l'art. 2129.

Depuis, ce principe de la spécialité a fait des progrès dans les esprits. Il serait trop long de réunir ici les nombreux documents où nous trouvons proclamés et vantés les bienfaits de ce principe. En multipliant le nombre des gages intacts, en aidant à la publicité, en faisant « gagner en certitude ce qu'il fait perdre en étendue, » il est d'une incontestable utilité pour le créancier; d'une non moins incontestable utilité pour le débiteur, dont il augmente le crédit, en lui permettant de ne soumettre à l'hypothèque que la portion de ses biens nécessaire à la sûreté de la créance, et d'en conserver le surplus libre, soit pour l'aliéner, soit pour le donner en gage, si le besoin de ses affaires l'oblige à de nouveaux emprunts. — Enfin, en éloignant le concours sur un même immeuble de créances nombreuses et diverses, il simplifie les ordres, diminue les frais et supprime les causes de conflit.

La loi exige la double mention de la nature et de la situation de l'immeuble. Ainsi l'inscrivant devra indiquer si l'objet hypothéqué est une maison, un pré, une vigne, un bois, etc., et de plus désigner d'une façon précise, dans quelle commune il est situé, quels sont ses tenants et aboutissants. La jurisprudence avait d'abord appliqué ces principes rigoureusement (1). Elle n'avait pas oublié que le régime hypothécaire de notre Code avait eu pour but de faire reposer l'hypothèque conventionnelle sur cette double base, la spécialité et la publicité, et de faire concourir simultanément l'une et l'autre. Depuis elle s'est départie de sa rigueur primitive, et même nous oserions dire qu'elle a été trop loin dans son désir de concilier avec l'équité les dispositions formelles de la loi.

(1) Cass. 20 février 1810. — Bordeaux, 10 août 1818.

Ainsi elle a reconnu valable l'inscription prise sur tel domaine, situé dans telle commune. Les tiers, a-t-on dit, sont suffisamment avertis par l'indication formelle du nom de la ferme ou de la métairie, qui est censée ne composer, par la réunion de toutes ses parties, qu'un seul et même immeuble, quoiqu'il y ait des prés, des vignes, des batiments, etc. La prolixité des termes mêmes de notre article montre que cette désignation est suffisante ; si le législateur avait pensé qu'une désignation plus développée était indispensable, il aurait pris la peine de l'exprimer. Ainsi, dans l'art. 675 du Code de procédure civile, exige-t-il pour la validité des exploits en matière de saisie immobilière, qu'ils énoncent la nature de l'héritage et autant que possible la partie de la commune où il est situé, et deux au moins des tenants et aboutissants. — Il n'en est pas ainsi en matière d'inscription. Les dispositions de l'art. 2148 sont larges, et doivent être appliquées sans rigorisme. Si le législateur s'est borné à exiger, en général, l'indication de la nature et de la situation de l'immeuble, c'est que ces caractères particuliers devant varier et se modifier selon chaque espèce d'immeuble, il a été forcé d'abandonner ces détails à la sagacité de l'inscrivant. Il ne veut qu'une chose, c'est que cette indication soit claire, précise et tellement circonstanciée qu'il ne puisse s'élever de doute sur l'immeuble grevé.

Ces raisons ont du poids et de savants auteurs (1) les ont admises. Toutefois, les délimitations d'une ferme, d'une métairie, sont-elles toujours suffisamment précises, suffisamment connues, pour mettre le public à l'abri de toute erreur ? N'arrive-t-il pas souvent que le débiteur acquiert, postérieurement à la constitution d'une hypothèque, des parcelles assez importantes qui étaient enclavées dans le domaine, ou qui étaient nécessaires pour l'arrondir ? Qu'arrivera-t-il dans ce cas ? C'est que le créancier pre-

(1) Duranton. — Troplong.

mier inscrit exercera, lorsque l'immeuble sera vendu, son droit sur ces parcelles et primera des créanciers postérieurs qui seuls avaient des droits sur elles. Ce résultat est fâcheux et injuste. Le saisi pourrait seul donner des renseignements et déclarer que les parcelles ont été acquises postérieurement à l'inscription du premier créancier ; mais il n'a aucun intérêt à faire cette dénonciation.

Un point que nous ne saurions admettre, et qui, du reste, a suscité chez les auteurs et même dans la jurisprudence plus d'hésitations que le précédent, est de reconnaître bonne et valable l'inscription prise sur l'universalité des biens que le débiteur possède dans l'arrondissement de tel bureau. Permettre une inscription aussi générale, aussi vague, c'est retomber dans les inconvénients de l'ancien régime. Il n'y a du reste, aucune parité entre ce cas et le cas qui nous occupait ci-dessus. La simple désignation d'une ferme, d'une métairie, d'un domaine formant corps de biens, offre, en réalité, un genre de spécialité que la jurisprudence pouvait au besoin admettre comme suffisant : dans l'espèce, les propriétés qui ne dépendent, ni du domaine, ni de la métairie, ni de la ferme, quoique sises dans la même commune, ne sont pas grevées : l'affectation n'est pas générale ; l'immeuble soumis à l'hypothèque se trouve isolé, on le connaît. Mais la simple désignation de la commune où sont situés les biens quelconques du débiteur, fait disparaître la spécialité, et trompe le vœu de la loi. Si certains arrêts (1) semblent venir contredire notre solution, l'on remarquera que ces arrêts, jugeant la question plutôt en fait qu'en droit, sont tous fondés sur l'impossibilité où se sont trouvés les tiers d'être induits en erreur. Le principe, qui les a inspirés, peut être formulé de la sorte : Les mentions exigées par

(1) Riom, 18 avril 1826. — Grenoble, 27 juillet 1829. — Nancy, 3 mai 1845. — Bordeaux, 6 mars 1848. — Paris, 21 février 1850.

le § 5 de l'art. 2148 ne sont requises substantiellement ou à peine de nullité, qu'en tant qu'elles ont pour but de constater l'individualité, si l'on peut parler ainsi, de l'immeuble grevé. Dès lors, rien ne s'oppose à ce que le juge ne considère ces formalités comme accomplies par équipollence, si, *d'après les circonstances*, aucun doute n'est possible sur l'individualité de l'immeuble. — Nous le répétons, ce principe est plein de dangers. Sans doute, le juge est, et doit être, souverain appréciateur de la question de savoir, si, en fait, l'inscription réunit les formalités exigées par la loi ; mais, admettre qu'il peut valider une inscription dans laquelle l'une des mentions exigées manque totalement, c'est violer la loi, c'est substituer à la sagesse du législateur le caprice du juge.

Et ce ne sont pas là les seuls inconvénients de la théorie que nous critiquons. Nous affirmons que dans la plupart des cas, elle rendra absolument illusoire le but du législateur et fera de la spécialité un mot vide de sens. Supposons qu'une hypothèque soit consentie sur l'universalité des biens que le débiteur possède dans telle commune. Supposons également, et la supposition sera très souvent exacte, que ce débiteur ne possède pas d'autres biens dans d'autre commune. Il arrivera que l'hypothèque qu'il a consentie sera en fait une hypothèque générale, qui affectera tous les biens en masse. — On aura éludé de cette façon les dispositions bienfaisantes que le nouveau système avait eu pour but d'introduire dans l'intérêt public, comme dans celui du débiteur et du créancier.

Pour nous résumer, nous voudrions que ce fût la spécialité par l'indication positive des biens, et non leur généralité par territoire, qui rendît valide une inscription (1).

(1) Dans ce sens, Merlin. — Duranton XIX, 371. — Baudot, 609. — Cass., 23 août 1808. — Aix, 30 août 1809. — Cass., 20 fév. 1810. — Req., 19 fév. 1828. — Angers, 16 août 1826. — Cass., 26 avr. 1852.

Que décider, si l'inscription a été prise sur les biens, situés dans telle commune, *tels qu'ils sont désignés et confrontés dans le cadastre?* Une pareille désignation est assurément plus précise que la précédente. Toutefois, nous ne la trouverions pas suffisante, en vertu du principe qui veut que toute inscription contienne les énonciations nécessaires à renseigner les tiers (1).

CHAPITRE VI.

Du renouvellement.

« Les inscriptions, nous apprend l'art. 2154, conservent l'hypothèque pendant dix années à compter du jour de leur date. Leur effet cesse si elles n'ont pas été renouvelées avant l'expiration de ce délai. » Lors de la discussion du code, les dispositions de cet article furent l'objet de vives critiques. La section de législation proposait de conserver à l'inscription son effet tout le temps que dureraient l'obligation et l'action personnelle contre le débiteur, et l'action hypothécaire contre le tiers-détenteur. En 1841, lorsque, sous l'influence de M. le garde des sceaux, on s'occupa de la réforme du régime hypothécaire, la pensée des législateurs de 1807 se trouva reproduite et défendue par des jurisconsultes éminents (2). Il semble, à un point de vue purement théorique, que si l'hypothèque est un droit accessoire, elle doit durer autant que le droit

---

(1) Contrà, Pau, 23 août 1834.

(2) Bethmont, Rapport. — Persil, id. — Projet de la commission du gouvernement, art. 2170. — Projet du Conseil d'État, art. 2171.

auquel elle est attachée, sans que le titulaire soit menacé de perdre son droit, à l'expiration d'un délai qui a pu sortir de sa mémoire, ou qu'a pu négliger un mandataire chargé du renouvellement. En admettant ce principe, on ne doit pas dépouiller l'inscription de son effet conservateur, tant que le droit à l'hypothèque subsiste. — Ces arguments sont spécieux. Calculer la durée de l'inscription sur celle de l'obligation personnelle, c'est aller contre la nature des choses et se heurter à des impossibilités. L'obligation personnelle, ne peut-elle pas se prolonger indéfiniment, soit par des actes conservatoires, soit par une suite de minorités? Qu'arrivera-t-il? C'est que les recherches hypothécaires seront impossibles, tant les registres à consulter seront nombreux. — D'un autre côté, reconnaissons qu'après avoir mobilisé les rentes et les avoir déclarées essentiellement rachetables, le législateur devait rester fidèle à son système et ne pas autoriser un créancier à grever d'une manière indéfinie les immeubles de son débiteur.

Tout en admettant le principe et la nécessité du renouvellement, certains jurisconsultes ont critiqué le délai de dix ans, admis par la loi. Ils auraient voulu qu'il fût de trente ans, de façon que l'inscription ne pût être prescrite avant le titre lui-même. La péremption par l'expiration du délai de dix années est, à raison même de sa brièveté, la cause de la perte d'un trop grand nombre de créances. Ce danger détourne les capitalistes de prêter à long terme. Le délai de trente ans fait disparaître en partie cet inconvénient. Il sera rare que le remboursement n'ait pas eu lieu avant l'expiration de ce long délai; et s'il n'a pas eu lieu, il ne sera guère à craindre que l'on oublie le renouvellement. Le créancier obligé de se procurer un nouveau titre, sera naturellement appelé à prendre en même temps une nouvelle inscription (1).

(1) Voir le rapport de M. Vatimesnil. Ces critiques ont produit leurs

Ces arguments méritent d'être examinés ; toutefois reconnaissons que s'il y aurait avantage pour le créancier à n'être pas obligé de renouveler l'inscription, néanmoins il est certain que la propriété et le débiteur lui-même gagnent à cette nécessité du renouvellement. Grâce aux dispositions de l'art. 2154, l'omission volontaire devient un moyen économique de purger un très grand nombre d'inscriptions, dont les causes n'existent plus et dont il faudrait obtenir la radiation, soit en vertu d'actes notariés, soit par des actions judiciaires. Comme le disait M. Persil dans son rapport : « le crédit foncier élargissant ses basses, s'enrichit de toutes les charges immobilières dont le temps amène la suppression. La vérité se met d'elle-même à la place de la fiction. »

D'ailleurs, la loi est formelle. L'inscription non renouvelée dans le délai de dix ans cesse de produire son effet. Le créancier perd le rang que la date de son inscription lui donnait, mais bien entendu, le droit hypothécaire subsiste par lui-même. Le créancier peut prendre une nouvelle inscription, qui ainsi que la première, mais à sa propre date seulement, donnera son rang à l'ypothèque.

Cette règle souffre pourtant quelques exceptions. Il est des cas où la péremption de l'inscription équivaut à la perte de l'hypothèque. Lorsque l'inscription du créancier est déjà frappée de péremption, faute d'avoir été renouvelée dans le délai légal, le débiteur vient à être déclaré en faillite, ou bien sa succession est acceptée sous bénéfice d'inventaire ; comme le créancier ne peut plus dès lors s'inscrire utilement (art. 2146. C. N.), il en résulte que le créancier privé de son rang par l'effet de la péremption,

---

effets en Belgique. La loi du 16 déc. 1851 a porté le délai à quinze ans ; la commission qui prépara cette loi, avait même v[illegible] l'étendre jusqu'à vingt ans.

se trouve en même temps avoir perdu son droit hypothécaire.

Il en serait de même, si le débiteur avait aliéné son immeuble, et avait fait transcrire son acte de vente. Le créancier viendrait avec les simples chirographaires. En effet, la première inscription ne peut lui procurer aucun bénéfice, puisqu'elle n'a pas été renouvelée dans le délai voulu. D'un autre côté, son droit hypothécaire ne peut plus être vivifié ; il ne peut prendre inscription, ni sur son débiteur qui a cessé d'être propriétaire, ni sur l'acheteur qui n'est pas son débiteur (l. du 23 mars 1855, art. 6).

Mais il ne faudrait pas croire que ces événements, faillite du débiteur, acceptation bénéficiaire de sa succession, transcription de l'acte d'aliénation, aient pour effet de dispenser le créancier de renouveler son inscription. Si dans le cas de péremption, le créancier ne peut être admis à renouveler, en présence de ces événements, c'est que l'inscription originaire ayant disparu, l'inscription nouvelle ne peut plus être considérée que comme une première inscription. Le créancier trouve alors un obstacle légal dans l'art. 2146.

Mais la nécessité du renouvellement subsiste tant que l'inscription originaire n'a pas produit son effet légal, quels que soient les changements survenus dans la situation du créancier ou du débiteur, ou dans la condition de l'immeuble hypothéqué. Ainsi, j'ai pris une inscription sur les immeubles de Pierre, mon débiteur ; avant que la dixième année soit expirée, Pierre est mis en état de faillite ; ou bien, il vient à décéder, et sa succession est acceptée sous bénéfice d'inventaire ; je ne suis pas pour cela dispensé de renouveler mon inscription.

Une inscription ne peut, si ce n'est au cas de payement effectif et valable de la créance, et celui de la cession de biens, être considérée comme ayant produit son effet légal, tant que les immeubles grevés restent dans les mains du débiteur, ou du tiers qui les a hypothéqués. Ainsi, dans les exemples ci-dessus, la faillite ou l'acceptation bénéficiaire ne suffisent pas pour faire cesser la nécessité du renouvellement. En effet, aucun de ces événements n'a pour conséquence d'attribuer aux créanciers inscrits l'avantage que l'inscription a précisément pour but de leur procurer, un droit individuel et déterminé sur le prix de l'immeuble (1).

Au cas d'adjudication par suite de saisie immobilière, les créanciers sont dispensés de renouveler leur inscription, non pas à partir de la transcription du jugement d'adjudication, mais bien à partir de ce jugement lui-même, tant dans leurs rapports avec l'adjudicataire que dans leurs rapports entre eux.

Au cas d'expropriation pour cause d'utilité publique, l'inscription reste soumise à la nécessité du renouvellement jusqu'à l'expiration du délai de quinzaine qui suit la transcription du jugement d'expropriation. En effet, il résulte de l'art. 17, de la loi du 3 mai 1841 que l'Etat ou la Commune qui a procédé à l'expropriation, se trouvent libérés par le payement de l'indemnité entre les mains des créanciers indiqués sur l'état d'inscription dressé à la date de ce délai.

La transcription de l'acte, constatant l'aliénation volontaire de l'immeuble hypothéqué, a pour effet d'arrêter l'inscription de nouvelles hypothèques, mais ne dispense pas les créanciers antérieurement inscrits de la nécessité du renouvellement. Il en est de même des ventes faites en justice, de l'adjudication sur licitation ; alors même que le créancier aurait obtenu un jugement condamnant le tiers-détenteur à payer ou à délaisser, il ne serait pas dispensé de la nécessité du renouvellement. Elle existe encore même pour le créancier qui s'est rendu acquéreur de l'im-

(1) P. Pont, n° 1054. — Baudot, n° 880. — Renouard, des faillites, I, p. 406. — Paris, 10 août 1841. — Civ. rej., 2 déc. 1863. — Civ. rej., 20 juin 1850. — Req. rej., 18 août 1850.

meuble affecté à sa créance, tant qu'il ne remplit pas les formalités de la purge. De même encore, le tiers-acquéreur, qui a employé son prix à désintéresser les créanciers hypothécaires, doit renouveler, en temps utile, les inscriptions, s'il veut conserver l'effet de la subrogation dans leurs droits d'hypothèque (1).

Mais, soit dans leurs rapports respectifs, soit dans leurs rapports avec l'acquéreur, les créanciers se trouvent dispensés de la nécessité du renouvellement dès que l'acquéreur leur a fait la notification prescrite par l'art. 2183, avec offre de payer son prix d'acquisition. Cette notification emporte, à la charge de l'acquéreur, l'obligation personnelle de payer son prix aux créanciers et dispense ceux-ci, par cela même, de renouveler leur inscription. C'est une question très controversée que celle de savoir : si cette dispense continue de subsister, malgré la survenance d'une surenchère, et si elle existe à partir du jour de la notification, ou bien si elle n'a lieu qu'à compter de l'expiration du délai de quarante jours. Avec MM. Aubry et Rau, nous pensons que la surenchère n'apporte aucun changement à la position des créanciers, et que, par suite, la notification faite à la requête de l'acquéreur les dispense du renouvellement, à compter du jour même de sa date (2).

Comment doit se compter le délai décennal prescrit pour le renouvellement? Une inscription a été prise le 1er avril 1860; devra-t-elle être renouvelée le 31 mars (3), le 1er avril (4) ou le 2 avril 1870 (5)? Nous croyons qu'elle devra l'être le 1re avril 1870. Que nous dit l'article

---

(1) Rouen, 30 mai 1825. — Cass., 31 janv. 1854. — Toulouse, 19 mars 1861. — Paris, 21 août 1862.

(2) Bourges, 20 nov. 1852. — Dijon, 13 août 1853. — Cass., 10 juillet 1858.

(3) Merlin. Vo Délai, no 4 bis. — Duranton.

(4) Grenier, no 107. — Zachariæ, t. II, p. 181. — Troplong, no 714.

(5) Delvincourt. — Persil.

2154? « Les inscriptions conservent l'hypothèque pendant dix ans à compter du jour de leur date. » Si le jour où l'inscription est prise devait être compté dans le délai, le créancier n'aurait plus les dix années accordées pour la durée de son inscription, puisque ce jour est déjà entamé plus ou moins et en partie écoulé quand l'inscription est prise. Ce n'est donc pas le 31 mars 1870 que l'inscription doit être renouvelée. — D'un autre côté, en disposant que l'inscription conserve l'hypothèque pendant dix années, à compter du jour de sa date, l'art. 2154 nous dit formellement que l'inscription ne peut être renouvelée dans notre espèce que le 1er et non le 2 avril; car, dès que la dernière minute du premier jour est écoulée, l'inscription est pour ainsi dire morte. Si l'on veut donc la conserver bonne et valable, il ne faut pas attendre que cette dernière minute soit écoulée. — Enfin, à l'appui de notre système, nous pourrions invoquer l'art. 2261, ainsi conçu : « la prescription est acquise lorsque le dernier jour du terme est accompli. »

Par décision des ministres des finances et de la justice du 22 décembre 1807, du 20 juillet 1808 et du 24 juillet 1810, les conservateurs d'hypothèques doivent tenir fermés leurs bureaux les jours de dimanche et de fête. Il en résulte que le créancier ne peut pas procéder au renouvellement si le dernier jour du délai tombe un jour férié. Doit-on le constituer victime de cet événement et de l'impossibilité où les règlements l'ont placé de remplir une formalité indispensable? Fera-t-on distraction à son détriment d'une partie de la période de dix années que la loi lui a accordée? Le préjudice qu'il souffre n'a-t-il pas sa cause dans un événement de force majeure, indépendant de sa volonté et de sa négligence? N'est-ce pas une doctrine partagée par la jurisprudence la plus constante et par les auteurs, de ne pas admettre de nullites de forme qui ne soient nettement prononcées par la loi, surtout lorsqu'elles n'ont pour cause ni la mauvaise foi, ni la surprise, ni le défaut de publicité préjudiciable à des tiers? N'est-ce pas ici le cas d'admettre cette maxime qu'on invoque toujours quand il s'agit de déchéances : *Odiosa restringenda?* — Ces arguments n'ont pas paru suffisamment concluants à la généralité des auteurs (1). S'il était permis de retrancher le dernier jour parce qu'il est férié, il n'y aurait pas de motif pour ne pas retrancher aussi tous les autres jours du délai qui sont fériés, et dans lesquels le créancier ne peut pas agir. Du reste, le créancier n'est pas sans reproche d'avoir attendu jusqu'au dernier moment pour renouveler son inscription.

Nous passons à la forme du renouvellement. Le créancier doit rédiger de nouveaux bordereaux. Ces bordereaux doivent-ils contenir toutes les énonciations de l'art. 2148? Oui, d'après certains auteurs (2).

Qu'est-ce, en effet, que renouveler une inscription, si ce n'est prendre une inscription nouvelle, qui doit par conséquent être faite dans les mêmes formes et contenir les mêmes énonciations que l'inscription première? Du reste, si l'on n'exigeait pas dans le renouvellement la répétition de toutes les énonciations prescrites par l'article 2148, sous le prétexte que les mêmes énonciations sont déjà consignées sur les registres, et que les tiers intéressés peuvent trouver dans l'inscription primitive tous les renseignements dont ils ont besoin, on arriverait à méconnaître les bénéfices du renouvellement lui-même, et contrevenir au vœu de la loi? Qu'a voulu, en effet, la loi en exigeant le renouvellement? Nous le savons : augmenter la publicité de l'hypothèque, et surtout rendre les recherches plus faciles, en diminuant le nombre des registres. Or, ce but ne serait pas atteint, si les

(1) Duranton, t. XX, n° 161. — Troplong, t. III, n° 714. — Riom, 8 av. 1843.

(2) Merlin. V° Inscr, hyp., n° 12. — Grenier, t. I, n° 117. — Battur, t. III, n° 452. — Mourlon, Rep. écr., t. III, p. 502. — Martou, n° 1148.

parties, et par suite le conservateur, avaient besoin de recourir à des registres qui pourraient être vieux, non pas de dix ans seulement, mais de vingt, de trente ans et plus, si l'on suppose deux, trois renouvellements successifs. — Nous n'admettrions que l'inutilité d'une énonciation, celle de la nature du titre. Le conservateur ne pourrait se refuser à la nouvelle inscription, sous le prétexte que le titre, qui a pour but de l'éclairer sur l'existence de l'hypothèque, ne lui est pas produit. Le fait même d'une première inscription lui indique suffisamment que ce titre existe et qu'il suffit pour permettre l'inscription.

Cette théorie avait été dans les premiers temps consacrée par la jurisprudence : un arrêt de la Cour de Cassation avait même exigé la mention de la nature du titre (1). — Depuis, les cours se sont singulièrement départies de cette rigueur, pour tomber dans l'excès d'une doctrine toute contraire, doctrine qui, du reste, nous semble la plus flagrante violation du principe de publicité (2).

Le renouvellement doit rappeler l'inscription à laquelle il se rapporte. Sinon, l'hypothèque ne prendra rang qu'au jour de la nouvelle inscription (3). — Dira-t-on que la loi n'exige pas cette mention (4)? Mais le renouvellement n'a d'autre objet que de proroger l'effet de l'inscription primitive et de ne former avec elle qu'une seule et même inscription; il doit donc rappeler l'inscription à

---

(1) Paris, 5 juillet 1815. — Cass., 14 janv. 1818. — Rouen, 2 juillet 1821.

(2) Bourges, 28 déc. 1816. — Req., 16 mars 1820, — Cass., 22 fév. 1825. — Grenoble, 9 janv. 1827. — Bourges, 27 mai 1827. — Cass., 28 juillet 1828.

(3) Merlin, V° Inscr. hyp., § 8 bis, n° 12. Grenier, t. II, n° 117. — Battur, t. III, p. 241. — Zachariæ, t. III, p. 280. — Baudot, t. I, § 813. — Bruxelles, 5 juin 1817. — Req., 14 juin 2831. — Rouen, 6 mars 1848, — Req., 28 janv. 1833.

(4) Dans ce sens : Liége, 9 juin 1810. — Limoges, 14 av. 1818. — Montpellier, 26 fév. 1852.

laquelle il se réfère. — Dira-t-on qu'aucun préjudice ne peut résulter pour les tiers du défaut de cette mention, soit qu'ils aient contracté avec le débiteur depuis la première inscription, soit depuis la seconde (1)? Cet argument n'a pas de force. Un immeuble a été vendu; l'acquéreur fait transcrire son titre avant l'expiration des dix années accordées pour le renouvellement, et il ne demande l'état des inscriptions qu'après l'expiration de ce délai. Que va-t-il arriver? C'est que les inscriptions périmées ne seront pas mentionnées dans l'état, ni les inscriptions prises sans mention de renouvellement, comme requises après la transcription, à l'époque où le débiteur n'était plus propriétaire. — Une créance inscrite a été cédée. Postérieurement à la cession, elle est renouvelée sans mention de la première inscription. Qu'arrivera-t-il encore? C'est que le cessionnaire croira sa créance antérieure à la créance garantie par ce renouvellement, et n'aura aucun moyen de vérifier l'existence d'une créance antérieure. Ces exemples pourraient être multipliés. Il est donc faux d'affirmer que toujours la mention de l'inscription primitive est sans utilité pour le créancier.

Mais on se demande comment il se peut faire que le créancier oublie cette mention. Cet oubli n'est guère admissible. Aussi, est-ce bien volontairement qu'un créancier a souvent négligé de mentionner la première inscription, lorsque la sachant entachée de nullité, il a voulu éviter la perte de l'hypothèque et assurer son droit, au moins à compter de la nouvelle inscription.

Toutes les fois que l'inscription est nécessaire pour donner la vie à l'hypothèque, le renouvellement est obligatoire. L'inscription non renouvelée est comme si elle n'avait jamais été faite. Ainsi, l'hypothèque légale du trésor, des communes et des établissements publics est soumise à la règle du renouvellement, puisque leurs

(1) Troplong, t. II, n° 715. — Flandin.

créances n'ont pas été affranchies de la formalité de l'inscription par le Code Napoléon. — De même, l'hypothèque légale de la veuve, du mineur devenu majeur, de l'interdit relevé de l'interdiction, est soumise à la règle du renouvellement depuis la loi de 1855, qui a fait rentrer leur hypothèque dans la loi commune de la publicité. — De même, le mari et les tuteurs sont tenus, sous les peines portées en l'art. 2136, de renouveler, avant l'expiration des dix années, les inscriptions des hypothèques dont leurs biens peuvent être encore grevés. Mais le défaut de ce renouvellement ne pourrait jamais nuire aux droits de la femme, du mineur ou de l'interdit, même vis-à-vis des tiers.

L'hypothèque légale de la femme mariée, inscrite pendant les délais de la purge, n'a pas besoin d'être renouvelée pour être conservée. Les dispositions des art. 2194 et 2195 ont été admises dans l'intérêt du tiers-acquéreur, pour lui permettre de connaître les charges qui grèvent l'immeuble acheté. Une fois l'inscription prise, tout rentre dans le droit commun. Or, le droit commun, relativement à l'hypothèque légale de la femme mariée, est la dispense d'inscription. — La solution contraire amènerait ce déplorable résultat d'exposer la femme à la perte de son hypothèque, quand la protection de la loi lui est plus nécessaire que jamais ; en effet, le fait de la purge suppose que le mari a vendu les immeubles qui faisaient la garantie des droits de la femme. — Si la loi a toutefois admis les dispositions de l'art. 2194 et de l'art. 2195, c'est que les formalités prescrites par ces articles, éveillent fortement l'attention de la femme et des personnes autorisées à prendre inscription pour elle. Mais, au bout de dix ans, ces souvenirs sont plus ou moins effacés, et la loi ne peut pas leur avoir imposé alors la nécessité du renouvellement (1).

(1) Metz, 14 juin 1857.

L'inscription prise d'office par le conservateur, en transcrivant un acte de vente, n'a pas besoin d'être renouvelée. La transcription, à elle seule et sans le secours d'aucune inscription, conserve en effet au vendeur, créancier de tout ou partie de son prix, son droit de préférence vis-à-vis des créanciers inscrits du chef de l'acquéreur. Si les termes d'un Avis du Conseil d'Etat, du 22 janvier 1808, semblent contraires à cette solution, remarquons que cet Avis a eu surtout pour but de décharger le conservateur du soin du renouvellement; et qu'il ne lui appartenait en aucune manière de changer du tout au tout la portée de la loi, en faisant du renouvellement de l'inscription d'office une condition nécessaire à la conservation du privilége. Nous ne pouvons, pour ces motifs, surtout depuis la loi hypothécaire de 1855, admettre la théorie contraire, généralement reçue en jurisprudence.

CHAPITRE VII.

Conclusion.

Dans le dernier état de la législation, l'hypothèque repose sur une double base : la publicité et la spécialité. Nous avons, dans le cours de notre travail, essayé de suivre à travers l'histoire les progrès de ces deux principes; nous en avons vanté les bienfaits, que personne aujourd'hui n'oserait méconnaître. Il nous reste à nous demander si la loi moderne en a suffisamment assuré la parfaite application. La pratique des affaires semble donner à la question une réponse défavorable. Malgré les prescriptions minutieuses de l'art. 2148, on a à déplorer chaque jour de trop fréquentes équivoques sur les noms du débiteur et l'identité de l'immeuble; ces erreurs sont la source inépuisable des plus grands dommages, soit pour les tiers, soit pour le conservateur, dont la responsabilité n'est jamais à l'abri. Pour nous, nous ne voyons de remède à ce mal que dans l'exécution rigoureuse des formalités prescrites par l'art. 2148, dans l'abandon de cette doctrine des *équipollents*, mise en avant par M. Troplong, appliquée trop souvent par la jurisprudence, et que dans notre thèse nous avons sans cesse combattue. Cette doctrine, en violant le texte de la loi, ouvre une large porte à l'arbitraire ; elle substitue à la règle précise ce pêle-mêle d'opinions au milieu desquelles l'esprit se perd, et pour vouloir concilier les principes d'équité avec les exigences de la loi, elle nuit au crédit lui-même et condamne la jurisprudence à d'incessantes contradictions et de déplorables inconséquences.

Quelques jurisconsultes se sont contentés de critiquer les dispositions des §§ 1 et 5 de l'art. 2148. D'après eux, la spécialité qui se traduit par des indications aussi vagues, n'est qu'une spécialité illusoire, qui, loin d'être un instrument de publicité, contribue à rendre cette publicité impossible. M. Bonjean s'est fait au Sénat le promoteur d'un système de réforme. Ce système est proposé par un jurisconsulte éminent ; il a reçu de nombreuses marques d'adhésion ; il est appliqué en Hollande depuis la loi du 9 juillet 1842. Nous sommes donc obligé de le soumettre à un sérieux examen.

L'hypothèque serait, d'après ce projet, attachée, non plus à la personne essentiellement variable et changeante des propriétaires, mais à la terre elle-même, divisée en parcelles et désignée par son numéro cadastral. Un compte serait ouvert à chaque parcelle, et contiendrait tous les éléments capables de fixer sa situation hypothécaire. Pour connaître cette situation, il suffirait au créancier d'indiquer au conservateur le numéro de la parcelle qui l'intéresse. Le conservateur, de son côté, ouvrirait son registre au folio consacré à la parcelle indiquée, et à l'instant même, sans danger de se tromper, il délivrerait au créancier un état qui lui apprendrait tout ce qu'il a intérêt à savoir : la contenance de la parcelle, sa nature, le revenu imposable, l'impôt qu'elle a à payer, la série complète de tous les propriétaires auxquels la parcelle a successivement appartenu, et les hypothèques dont elle a été grevée du chef de chacun d'eux.

Des motifs d'une gravité sérieuse militent contre ce système. Nous les exposerons sous trois chefs différents :

1° Le régime hollandais est inadmissible en France parce qu'il suppose la propriété organisée sur des bases qui ne seraient plus acceptables chez nous. — Vouloir faire du cadastre le titre universel de toutes les propriétés, est une proposition qui non seulement est inadmissible dans l'état actuel du cadastre, mais qui même aurait pour effet de bouleverser les lois civilés et les lois de procédure en matière de possession et de prescription. Le cadastre n'a été en effet établi que pour assurer l'égalité proportionnelle dans la départition de l'impôt foncier. Par son origine, et par sa destination, il a un caractère purement administratif, il est dépourvu de tout caractère d'authenticité, ce qui le rend essentiellement impropre à servir de base au régime hypothécaire, qui doit reposer sur des titres authentiques. Avec le système de M. Bonjean, il faudra tout d'abord refaire ce cadastre, pour qu'il puisse servir de point de départ à la constitution légale de la propriété. Ce travail, quelque difficile, long et coûteux qu'il soit, est possible. Admettons qu'il soit consommé. Admettons également qu'il soit tenu, comme en Allemagne, des registres publics, dans lesquels chaque parcelle de terre soit représentée par son numéro matricule, et que l'inscription sur ces registres hypothécaires constitue légalement le droit de propriété. Il résultera de cet ordre de choses que tout individu inscrit sur les registres, sous telle matricule, sera de droit propriétaire de la parcelle qu'elle représente. Ce droit de propriété cessera par la substitution d'un autre nom au nom déjà inscrit. Par une conséquence fatale, l'inscription du nom d'un particulier, soit comme propriétaire, soit comme simple créancier, sera un acte de l'autorité publique. Elle ne pourra s'opérer qu'en vertu d'une décision de magistrats, investis d'une juridiction spéciale, et chargés de recevoir le consentement des parties, de vérifier les droits de propriété, de s'assurer de la légitimité de la dette, de la capacité du débiteur, etc. On conçoit aisément que ces réformes ne s'opèreront pas sans de grandes modifications dans notre état social. Il faudra instituer tout d'abord une magistrature hypothécaire; car il sera impossible de laisser le soin si grave que comporteraient les opérations précitées, au conservateur des hypothèques, dont les fonctions se bornent, quand il s'agit d'inscription et de transcription, à copier les bordereaux de créance ou les actes de mutation. — Cette obligation de recourir à un fonctionnaire public, peut-être même à un tribunal tout entier, pour opérer les transmissions de propriété et faire constater les droits réels, cette obligation, disons-nous, sera souverainement contraire à la liberté des conventions et entravera trop souvent la marche des affaires. Elle amènera l'autorité civile et judiciaire à se considérer et surtout à être considérée comme la dispensatrice du droit de propriété ; les formalités d'un temps qui n'est plus, l'ancien *ensaisinement*, le *devest* et *le vest*, pourront être rétablies; et le retour aux vieux usages féodaux sera possible, au mépris de la Révolution, qui a eu pour mission de les faire disparaître. La notion de l'individualité du droit de propriété finira par s'altérer. Nous verrons l'Etat s'ingérer de plus en plus dans les affaires privées des citoyens, pour le plus grand malheur de la liberté individuelle.

2° D'après le projet en question, il serait tenu des registres qui contiendraient numérotée chaque parcelle du cadastre, et donneraient sur chacune les renseignements propres à faire connaître sa situation hypothécaire. Or, en France, le sol se trouve divisé en plus de cent quarante-trois millions de parcelles cadastrales; c'est dire qu'elles sont fort petites et que la moindre propriété en contient un grand nombre. Il résulte de cette multiplicité des parcelles, que les erreurs sur les numéros seront fréquentes. Mais ne nous attachons pas à cet inconvénient. — Supposons qu'un état soit demandé au conservateur; comme les renseignements demandés porteront, même dans une affaire de mince importance, sur un très grand nombre de parcelles, et que les recherches du conservateur devront être faites sur chacune, il en résultera que les frais d'un état seront très coûteux. Une inscription qui, dans le système actuel, ne donnerait lieu qu'à la perception d'un salaire d'un franc, coûtera sous le régime proposé, autant de francs qu'il y aura de parcelles hypothéquées. Cette augmentation de frais se fera également sentir, quand il s'agira d'inscrire une hypothèque. Il faudra répéter l'inscription sur chaque parcelle, et payer autant de salaires. — Que le mode que nous critiquons, soit appliqué en Hollande sans qu'il en résulte des frais excessifs, cela s'explique aisément, si l'on examine la disposition du cadastre, tel qu'il a été établi dans ce pays. Les parcelles y ont une importance tout-à-fait hors de proportion avec celles de notre cadastre. Souvent une propriété toute entière constitue une seule de ces parcelles.

3° Les parcelles cadastrales, quelque petites qu'elles soient, sont en France trop souvent divisées et subdivisées. Telle parcelle qui appartient à un seul propriétaire, passe pour moitié au voisin de gauche, et pour moitié au voisin de droite. Le régime successoral de notre Code contribue beaucoup à ces divisions et subdivisions incessantes. — Comment fera-t-on alors pour mentionner au numéro de telle parcelle les charges qui seront constituées par l'un des divers propriétaires de la parcelle. Si l'on permet de prendre inscription sur la fraction de telle parcelle, sur la portion qui appartient à tel individu, on en revient peu à peu à nos registres actuels qui sont dressés par noms de débiteurs.

Les divers motifs que nous venons d'énumérer permettent de décider que le projet de M. Bonjean est inadmissible, que le régime hypothécaire hollandais est inapplicable en France. — En conclurons-nous que notre régime hypothécaire est parfait, et n'exige aucune réforme? Dirons-nous qu'on ne peut tirer aucun profit du cadastre? Loin de nous cette pensée. Nous croyons qu'il peut rendre de très grands services, si l'on se contente de lui demander ce qu'il peut donner. Assurén .t les énonciations qu'il fournit, sont trop peu préci , au point de vue de la contenance et de la nature s parcelles, ainsi que du nom des propriétaires, po qu'on songe d'en faire le titre authentique de toute s propriétés. Mais si l'on ne veut voir dans le cadas qu'une opération qui a eu pour but de diviser le sol en parcelles numérotées, et ne voir dans ce numérotage parcellaire qu'un moyen de désigner, avec impossibilité de confusion, les parcelles hypothéquées, il est évident que la réforme qui résultera de cette manière de voir, fera de la spécialité un instrument de publicité autrement puissant que la spécialité établie par l'art. 2148. — Deux, trois individus, quelquefois beaucoup plus, portant le même nom et les mêmes prénoms, habitent la même commune. On réclame au conservateur l'état des inscriptions qui grèvent la maison, les champs et vignes d'un tel; dans l'état actuel des choses, il est évident qu'en présence des divers homonymes que nous avons supposés, le conservateur ne peut que se tromper souvent. — Si au contraire, la réquisition contient, outre les énonciations précédentes, le numéro cadastral des parcelles hypothéquées, l'erreur est impossible.

Cette réforme nécessitera à peine quelques innovations, quelques modifications dans la pratique des affaires. Il faudra décider que toute inscription d'hypothèque spéciale contiendra la mention du numéro cadastral de toutes les parcelles hypothéquées. Dans ce but, on exigera cette mention dans tous les actes constitutifs ou translatifs de droits réels. Une amende pourra être la sanction de cette prescription. Du reste, pour en rendre l'oubli impossible, l'administration de l'enregistrement pourrait exiger que ses receveurs ne remettent aux parties l'acte incomplet et irrégulier que moyennant la représentation qui leur sera faite de la matrice cadastrale. Ils pourront ainsi régulariser eux-mêmes l'acte à enregistrer, et indiquer en marge les numéros parcellaires. Ces numéros seront reproduits dans l'inscription hypothécaire. Ils devront être indiqués dans toutes les réquisitions adressées au bureau des hypothèques, et désormais, ces confusions si préjudiciables deviendront impossibles.

On le voit, ce projet de réforme est d'une grande simplicité, et c'est ce qui nous le ferait préférer de beaucoup à la territorialité de l'hypothèque. L'un nécessiterait à peine quelques innovations dans les prescriptions de la loi, et quelques modifications dans la pratique des affaires. Le projet de M. Bonjean exigerait au contraire la refonte du plan cadastral sur des bases sérieuses, e· l'institution d'une magistrature spéciale, chargée de présider, pour les consacrer, à tous les actes de propriétaire. Ces changements dans le régime hypothécaire sont trop radicaux, pour retenir de ce projet autre chose que l'impression laissée par toute tentative généreuse, inspirée par l'intérêt public.

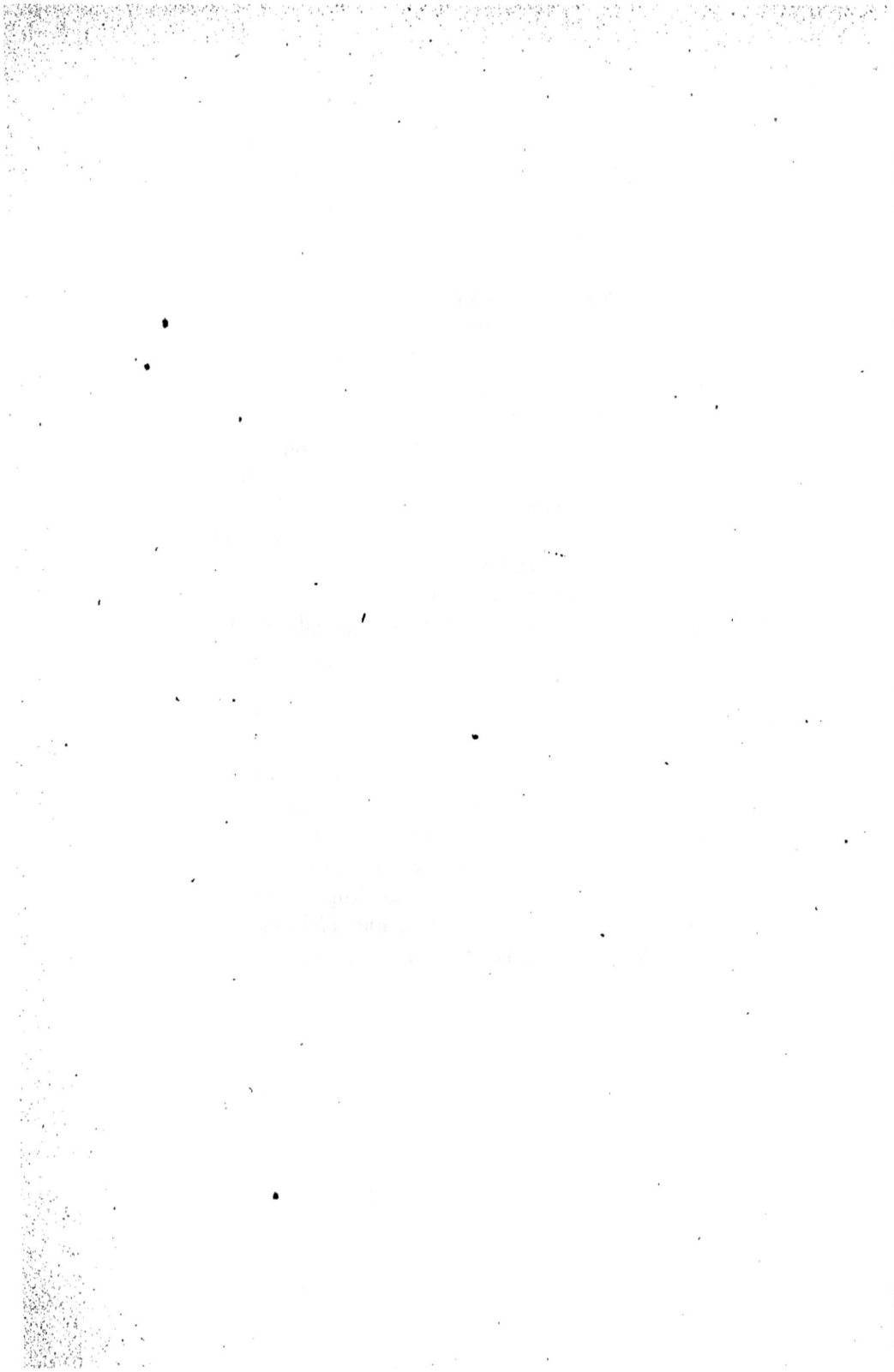

POSITIONS

DROIT CIVIL.

I. L'étranger légalement divorcé dans son pays, peut contracter un autre mariage en France, même avec une personne française, du vivant de son conjoint.

II. Les enfants nés d'un commerce incestueux ne peuvent pas être légitimés par le mariage subséquent, contracté par leurs père et mère, en vertu de dispenses accordées par le chef de l'Etat.

III. Les servitudes continues et apparentes ne peuvent pas s'établir par la prescription de dix à vingt ans.

IV. En présence d'un légataire universel, les ascendants, autres que père et mère, n'ont droit à une réserve que si les frères et sœurs du défunt renoncent à la succession.

V. La ratification donnée après la majorité ne fait pas remonter l'effet de l'hypothèque consentie par le mineur à la date de l'inscription. Elle prend rang seulement à partir de la nouvelle inscription prise en vertu de l'acte de ratification.

DROIT ROMAIN.

I. En cas de concours de deux hypothèques générales, le premier créancier en date était préférable aux créanciers postérieurs.

II. Le fisc n'avait pas d'hypothèque privilégiée pour ses créances contractuelles.

III. Entre deux acquéreurs de bonne foi de différents non-propriétaires, l'action publicienne était de préférence accordée au possesseur.

IV. Avant Justinien, la propriété n'était pas retransférée de plein droit au vendeur ou au donateur par l'accomplissement de la condition résolutoire.

DROIT COMMERCIAL.

I. L'insaisissabilité des rentes sur l'État s'oppose à ce que, en cas de faillite du titulaire, ces rentes tombent sous la main-mise des créanciers ; et par suite les syndics ne peuvent les vendre au profit de la masse.

II. La déclaration de faillite d'une société en commandite entraîne la faillite personnelle de l'associé gérant.

III. L'exigibilité résultant du jugement déclaratif de la faillite pour les dettes passives non échues, s'applique aux dettes hypothécaires aussi bien qu'aux dettes chirographaires.

DROIT CRIMINEL.

I. Le prévenu acquitté par une Cour d'assises ne peut plus être poursuivi devant les tribunaux correctionnels pour le même fait qualifié délit.

II. L'appel du jugement par lequel le juge civil prononce une peine correctionnelle ou de police pour un délit d'audience, doit être porté devant la juridiction criminelle supérieure.

PROCÉDURE CIVILE.

I. L'exception *judicatum solvi* doit être proposée avant toutes autres exceptions ou défenses.

II. Il n'en est pas de même de l'exception de litispendance.

DROIT ADMINISTRATIF.

I. Un conseil municipal n'a pas le droit d'autoriser le secrétaire de la mairie à assister aux séances du conseil.

II. L'autorité administrative est incompétente pour juger les contestations qui s'élèvent à l'occasion des baux passés dans les départements, les communes et les établissements publics.

III. L'art. 166 du Code de procédure civile est applicable aux étrangers demandeurs qui plaident devant la juridiction administrative.

ANCIEN DROIT FRANÇAIS.

I. Le réservataire renonçant ne pouvait obtenir la réserve ni par voie de rétention, ni par voie d'action.

II. Le légitimaire renonçant pouvait, dans la coutume de Paris, retenir sa légitime.

III. D'après la même coutume, toute donation faite à un successible était réputée faite en avancement d'hoirie.

IV. La puissance paternelle existait dans le droit coutumier. La règle de Loysel : *puissance paternelle n'a pas lieu*, fait allusion à la *patria potestas* des Romains.

Cette Thèse sera soutenue en séance publique, dans une des salles de la Faculté de Droit de Toulouse.

Vu par le Président de la Thèse,

Gustave BRESSOLLES.

Vu, pour le doyen absent,

Le professeur délégué.

A. RODIÈRE.

Vu et permis d'imprimer :

Le Recteur,

ROUSTAN.

« Les visa exigés par les règlements sont une garantie des principes et » des opinions relatifs à la religion, à l'ordre public et aux bonnes mœurs » (Statut du 9 avril 1825, article 41), mais non des opinions purement » juridiques, dont la responsabilité est laissée aux candidats.

» Le candidat répondra, en outre, aux questions qui lui seront faites » sur les autres matières de l'enseignement. »

TABLE DES MATIÈRES

DROIT FRANÇAIS

Toulouse. — Imp. Caillol et Baylac, rue de la Pomme, 34.

www.ingramcontent.com/pod-product-compliance
Lightning Source LLC
Chambersburg PA
CBHW060527210326
41519CB00014B/3156